転換期と向き合う

# デンマークの教育

谷雅泰 編著
*Tani Masayasu*
青木真理 編著
*Aoki Mari*
杉田政夫
*Sugita Masao*
髙橋純一
*Takahashi Junichi*
柴田卓
*Shibata Suguru*
柴田千賀子
*Shibata Chikako*
三浦浩喜
*Miura Hiroki*



ひとなる書房

もくじ◎転換期と向き合うデンマークの教育

# 序章

## デンマークとの出会い

私たちが北欧の小国であるデンマークと出会い、関心を深めたのは偶然の出来事だった。編者の二名が最初にデンマークを訪問したのが、一〇年以上前のことであった。勤務校の非常勤講師に来ていただいた縁で知り合った江口千春氏らのグループが主催していた「デンマークの教育と生活を知る旅」に参加したのである。谷が二〇〇三年春にはじめて仲間に入れていただき、次の機会に同僚の青木も誘って二〇〇五年に参加した。思いもよらなかったのだが、臨床心理学専門の青木はデンマーク語を学生時代に学んでいたのだった。

授業を受講した学生らにデンマークの教育視察への参加を熱心に勧めてくれる江口氏の熱意に感心しながらも、なぜデンマークなのか、最初はピンと来なかったのが本当のところである。ところが二年生二人が誘いに乗って一週間強の旅に参加するということになった。学生の行動力や好奇心に驚いたというのが正直な感想だった。が、帰国後、機会を作ってその学生たちに旅での見聞をクラスメートに紹介してもらったところ、案外面白そうだな、と思い、次の年、希望する学生とともに、「旅」に参加してみた。

一度のつもりだった参加をその後重ねることになり、また幸いにも研究費の交付を受けてさらに深く調査する機会を与えられた。長く調査を続けるに至った理由は、デンマークの学校に漂う自由な雰囲気であった。学校を訪問していつも思うのだが、授業そのものの洗練度から言えば、日本の小学校の方が数段上である。しかし、自由度においては比べるべくもない。授業中であるはずなのに、子どもが廊下に寝転がっている、などという情景も珍しいものではなかった。「何をしているの?」と聞くと、「勉強しているんだ」と答える。確かにサボっているわけではなく、与えられた課題をやるのに、「廊下の日当たりのいいところで寝転がってやる」ということを彼は選択したのにすぎないのであった。また、受験が学校生活に大きな影響を与えることもなく、子どもたちは実にゆっくりと、ゆったりと、大人になる道を歩んでいるように見えた。半分ほどの生徒が、義務教育修了すぐに後期中等教育段階には進学せず、「一〇学年」段階のクラスや全寮制の私立セクターであるエフタスコーレに進学する道を選ぶし、高校生にインタビューするとほとんどの生徒が大学に入ったら休学して「サバトー」をとるのだ、と言った。サバトーとは海外で見聞を深める休暇のことで、実際に多くの学生が経験する風習が残っているのである。

効率を重視する日本では考えられないこれらの様子を見て、徐々に惹かれていったのであった。やがて私たちは、デンマークが教育改革の渦中にあることにも気づくことになった。グローバリゼーションはデンマークにも影響を与えていた。例えばＰＩＳＡの成績について、デンマークはＯＥＣＤ加盟国の平均点くらいで日本より低いのだが、それについてどう思うか、という意地悪な質問をしてみても、教育関係者からは必ず、「自分たちは自分たちがよいと思う教育をしているので、まったく問題を感じない」という返事が返ってきた。しかし一方で、着実に変化は訪れていた。テストがないとされていた学校でも徐々にテストによる評価が行われるようにもなってきた。また、高校教育段階のドロップアウトが問題となり、適切な進路指導を行うために若者ガイダンスセンターなどが設置されるなどした。そして二〇一五年には、国民学校改革も断行された。この改革については本書の中でも詳しく扱うが、授業数を大幅に増やし、学校生活を充実させようとするものである。

私たちは、これらの改革について学ぶにつれ、これまでのデンマークの教育の様子と、改革の方向性について日本で紹介したいと考えるようになった。その結果が本書である。

「古きよきデンマークの教育」もグローバリゼーションによって破壊されている、ということを私たちは主張したいのではない。もちろん、そのような世界的動向に同じように翻弄されているふたつの国を比較することは大事だし、意味があるだろう。しかし私が敢えていまこのように書いたのは、ひとつは類書にありがちな、デンマークの教育がよくて日本はダメ、という見方を私たちは取らないからである。それぞれにすぐれていたところがもともとあったのである。もうひとつは、最初の頃私たちも改革の方向性はグローバリゼーションなのであろうと考え、日本と共通したものと考えていたのだが、改革への対し方が日本とデンマークでは異なるように思ったからである。それについては本文の中で述べたいと思う。

## デンマークの基礎知識

高福祉高負担の国、あるいは「世界一幸福な国」(1)などとして日本でも話題になることが多くなってきたようには感じるが、北欧の小国デンマークは日本人にとってはまだなじみの薄い国であると言ってよいように思う。本書でデンマークの教育について述べるにあたり、理解のために必要な基礎的な知識だけをまず紹介しておこう。詳しくは外務省のホームページなどをご覧いただきたい。

地理的には、ドイツに隣接するユトランド半島と首都コペンハーゲンが所在するシェラン島などの諸島からなり、フェロー諸島とグリーンランドのふたつの自治領を除いた面積は、約四三、〇九四平方キロメートルである。これは日本の九州（三六、七五〇平方キロメートル）よりは少し広いけれど、東北地方や北海道よりは狭い。それくらいの面積に、五七〇万強の人が住んでいる。この人口は兵庫県よりも少し多いくらいである。

正式名称はデンマーク王国で、立憲君主制を採っており、現在の元首は一九七二年に即位したマルグレーテ二世女王。下院のみの一院制である。EUに加盟しているが、ユーロは導入しておらず、デンマーク・クローネ（単数形。複数形はクローナ）が流通している。二〇一七年六月現在、一デンマーククローネは一七円弱である。

二〇一五年六月に実施された総選挙により、現在はラスムセン自由党党首による右派政権となっている。ラスムセンは二〇〇九年から二〇一一年まで首相を務めていたので二度目の首相就任であるが、その間の時期、二〇一一年から二〇一五年前半までは社会民主党を中心とする中道左派政権であった。本書は後で述べるように、二〇一五年八月の国民学校改革をひとつの問題意識として企画したものだが、それとの関係で言えば、改革を準備した時期は中道左派が、実施過程は右派が政権に就いていたことになる。しかし、教育改革については、少数政党も含めて院内各会派で合意をして実施していくので、政権による変化はないというのが、デンマーク人にインタビューすると一般的に返ってくる答えである。

さて、ラスムセン首相の率いる自由党は、実は二〇一五年の総選挙で勝利したとは言えず、議席を減らして第三党に転落したのであった。第一党は社会民主党で変わらなかったのだが、複雑な政治状況を作ったのは、移民排斥や反ＥＵを掲げる国民党が第二党になったことである。しかし国民党は連立政権に加わろうとはせず、ラスムセン自由党党首の政権への閣外協力にとどまっている。デンマーク国内ではおそらく少数政党にとどまると思われた国民党が第二党にまでなり、大きな影響力をもちながら政権にはつかないことが現在の複雑な政治状況を作っている。現在、移民問題を起点に排外主義的な政治勢力がヨーロッパで台頭していると言われるが、デンマークはいわばその走りであったと言えるかもしれない。この問題に関しては、ムハンマドのいわゆる「風刺画問題」(2)がデンマークで発生したのが二〇〇五年のことで、表現の自由と信仰の自由をめぐって議論となった。ラスムセン政権は、二〇一五年には隣国のスウェーデンやドイツとは対照的に難民を受け入れない政策を採ったが（「デンマークは難民にとっては住みにくい国」という難民に向けたアピールを含む広告をデンマーク政府が外国の新聞に掲載したと報じられたことはショックだったが、その秋、話をしたデンマーク人の多くは政府を批判していた）、外国人政策の厳格化やＥＵとの連携拡大を問う国民投票は二〇一六年一一月に否決された。ＥＵに対しては一九九二年の国民投票で僅差ながらマーストリヒト条約批准(3)が否決され、デンマークに関する特別措置の合意が成立してから再国民投票が行われてやっと承認されたこと、前述のようにユーロが導入されていないことなど、もともと国内に懸念があった。外国人政策については融和と排斥の考え方が拮抗していると考えてよいであろう。もともとは移民の受け入れにも寛大な社会であったし、実際に訪問すると多くの移民に出会うのだが、現在は例えば国籍の取得には厳しいデンマーク語の試験が課され、合格は極めてむずかしいと言われている。

教育行政を担当するのは、政府レベルでは、現在、児童・教育・男女共同参画省と高等教育・科学省である。先の政権交代で名称が変更されるまで、教育省という名称であり、本書で扱っているのはその時期なので教育省と表記している。

地方制度については、二〇〇七年に改革され、それまで一三の県（アムト、amt）と二七〇の基礎自治体（コムーネ、kommune）であったものが、五つの地域（レギオン、region）と九八の基礎自治体に再編された。本書では基礎自治体について「市」と訳すことにし、例えば「グラッサクセ市」のように表記することにする。再編により規模が大きくなったことが教育行政にも影響を与えたものと思われる。

## 教育制度の概要

教育制度についてはどうなっているのだろうか。図（0-1）を見ていただきながら説明しよう。なお、この図は日本の外務省のホームページにあるもの（平成二八年一月更新）である。

まず、義務教育について。フォルケ・スコーレ（folkeskole）があり、五・六歳児の通う0学年から日本でいえば中三に該当する九学年までの一〇年間、日本の幼稚園の年長さんから中学校までが義務教育

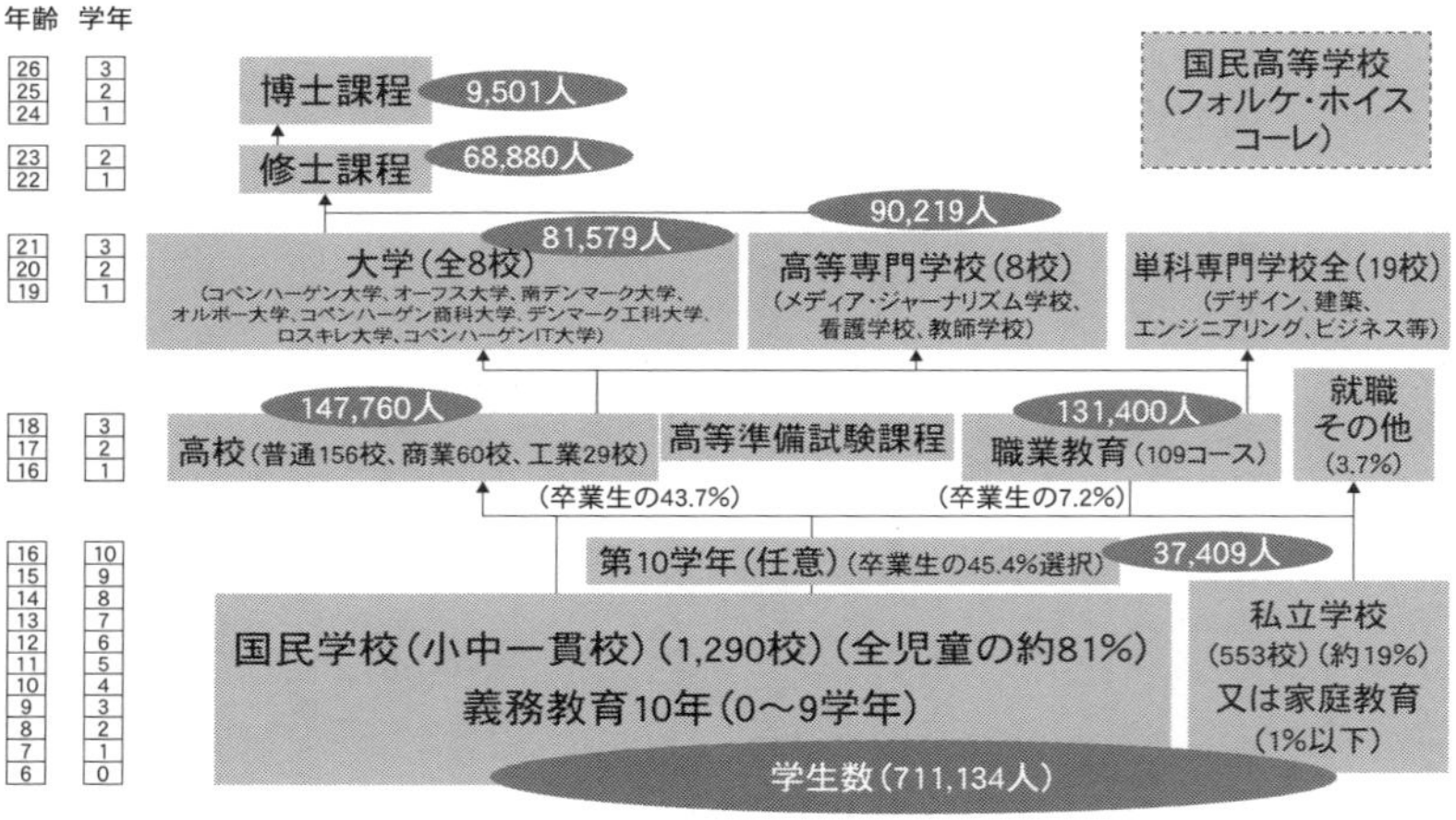


注：０学年は、通常６歳児が通うことになるが、子どもの成熟度により、５歳から０学年に入学すること等もあり、年齢にばらつきがある。数値は、2014 年のものであり、百分率は単年度の卒業生についてのものである。

0-1　外務省ホームページから(4)（一部修正）

である。folke は英語で言えば folk であり、「民衆」というような意味合いで、skole は school である。訳語として本書では「国民学校」という日本でのこれまでよく用いられる呼称を踏襲することにする。ただし、日本の教育史において「国民学校」が戦中の学校の呼称に用いられたこともあり、訳語として必ずしも最適ではないとも考えている。デンマークのフォルケ・スコーレは「国の民」の、ではなく「民衆」の学校という意味だと捉えてほしい。

もうひとつ、デンマークについてときどき「義務教育は存在しない」という説明に出会うことがある。最初は戸惑ったのだが、おそらく私立学校に該当する「フリスコーレ」の設置がかなり自由であり、それを選択する子ども・保護者が多い、ということを指しているものと思われる。また、日本では現在認められていないが、学校へ行かせずに家庭で学ぶことも認められていて、これはデンマークに限らずヨーロッパ諸国ではよくある制度である。日本でもヨーロッパの義務教育制度を直輸入しようとした明治時代には規程上存在したのだが、その後国家主義的教育とは相容れないため認められなくなったものである。教育への権利が認められ、それを保障するのが保護者の義務であるということはデンマークも日本と変わらない。

デンマークにはテストがない、ということも、一〇年ほど前まではよく言われることであった。義務教育の修了段階で試験が行われるがそれまではテストというものがない、というのは、テストという文化が強く学校を規定している日本と比較すると、確かに衝撃的であった。しかし、日本ほどではないものの、現在はテストや評価がデンマークの学校でも行われ始めている。

義務教育修了後、中等教育にすぐに進学しない道を選択する生徒のために、「第一〇学年」という制度がある。

図の右上にフォルケ・ホイスコーレがある。ホイは英語の high なので、先ほどのフォルケ・スコーレの説明を思い出していただければ、「民衆高等学校」のような意味合いであることは理解されよう。本書では十分に触れられないが、デンマークの教育を考えるときに、フォルケ・ホイスコーレという成人教育施設の理念と存在は非常に重要である。冬の農閑期に泊まり込みで対話により学ぶ、生きるための学校で、その理念を築いたのがニコライ・フレデリク・セヴェリン・グルントヴィ（Nikolaj Frederik

Severin Grundtvig）であると言われる。その理念とは、「死んだことば」による学びではなく、「生きたことば」と対話による学びを重視したことである。それは教師から生徒への一方通行的な知の伝達を否定することにもなり、デンマークの民主主義はそこに根ざすものであると考えられる。

農閑期だけではなくなったものの、フォルケ・ホイスコーレは今でもデンマークに存在しているし、図のなかでは私立学校のなかに含まれるのだが、第一〇学年、あるいは第八または第九学年から第一〇学年までの二、三年制のエフタスコーレが全寮制で運営されているのも、この伝統によるものである。また、一般の国民学校を訪問しても、グルントヴィ以来の民主主義の伝統が生きていると感じさせられることが多い。

本書でしばしば出てくる用語で日本人の耳に慣れないものに、ペダゴー（pædagog）がある。保育所関係で出てくる場合には「保育士」とほぼ同義と考えてよいが、他にもたくさんのペダゴーに出会った。第二章で扱う放課後クラブや社会教育施設で働く専門職もペダゴーだし、国民学校や特別支援学校にも教員とは別にペダゴーがいる。保育所や放課後クラブを保育士、学校関係を生活支援教師、などと訳し分けることも可能かもしれないが、本書ではすべてペダゴーとしている。三年半の養成コースによる教育学などを学んだ専門職である（英語の pedagogy と語源は同じである）。

## 各章の内容

第一章では二〇一五年に行われた国民学校改革について紹介することとし、そのために実際の国民学校の様子をスケッチすることから始めたい。改革の目的は何で、何が変えようとされ、また何は変わらないのか、というようなことを考えてみたい。改革により授業時間が増え、学校に滞在する時間が増えることで、放課後のあり方が大きく変わることが予想される。放課後の多様な時間の過ごし方がデンマークの特徴であった。そのことに影響が及ぶことは必至で、そのことについて第二章で扱いたい。

第三章では、特別支援教育について考えたい。日本と同じく、デンマークにおいても特別支援教育の変化が始まっている。第四章は、森の幼稚園についてである。デンマーク発祥ともドイツ発祥とも言われる「森の幼稚園」は、自然の中での保育を行うもので、日本では早くに紹介され写真集やテレビ番組もあったのでご存じの方も多いかもしれない。

私たちがデンマークに注目してきた理由のひとつが、学校と社会の接続関係をスムースにしようという努力がされている点であった。そして、今回の国民学校改革もそのような意図のもとに行われていると私たちは考える。第五章の若者支援、第六章の職業教育改革は私たちのそのような研究動機からなるものである。デンマークの学校の様子を知りたい、と本書を手にとってくださった方のなかには遠く感じるテーマと思われる方もおられるかもしれないが、デンマークの教育の真骨頂はここにあるのではないかと私たちは思っている。

さて、本書は福島大学の教員や福島大学に縁のある県内及び宮城県の大学の研究者七名によるものである。震災から六年以上が過ぎたが、筆者らも震災と原発事故のなかで思索し行動してきた。そんな私たちがなぜデンマークの本を出しているのか、編者二人とデンマーク研究を始め、震災後はＯＥＣＤ東北スクールの責任者や、福島大学理事を務めている三浦の視点から、補章にまとめている。

序章　注

（１）国連「世界幸福度調査」で二〇一三年以降、二〇一七年三月二〇日公表の結果まで、総合順位で一位、一位、三位、一位、二位とトップクラスである。順位を争うことに意味があるのかという議論があり得るが、二〇一七年、日本は五一位である。http://worldhappiness.report/ed/2017/

（２）二〇〇五年九月、デンマークの新聞『ユランズ・ポステン』に掲載されたムハンマドの風刺画が、偶像崇拝を禁ずるイスラム教の教えに反することから同教徒社会からの批判と反発を招いた。

（３）一九九三年に発効し、欧州連合（ＥＵ）の創設を決めた条約。

（４）この図は、外務省のホームページ「諸外国・地域の学校情報」のデンマーク王国のページに掲載されているもの（アドレスは以下の通り。最終確認日、二〇一七年三月二七日）をもとに作成。このページの情報はデンマークの教育に関する基本情報を知るために便利である。http://www.mofa.go.jp/mofaj/toko/world_school/05europe/infoC52900.html
なお、義務教育は、満六歳に達する年の八月一日に始まる（国民学校法第三四条）。したがって、入学時は五歳か六歳になる。ただし、保護者の要請により、一年早く（同条三六条）または一年遅く（第三四条第二項）入学させることも可能である。

第一章

# 国民学校の改革

第一節　デンマークの学校風景の変化

## ある日の授業風景から

デンマークの学校の新学年は八月末に始まる。日本と違って季節は秋である。新学年が始まったばか

| | 月曜日 | 火曜日 | 水曜日 | 木曜日 | 金曜日 |
|---|---|---|---|---|---|
| 1 | デンマーク語 | 算数 | 美術 | 体育 | デンマーク語 |
| 2 | デンマーク語 | 算数 | 美術 | 体育 | デンマーク語 |
| 3 | 英語 | 音楽 | デンマーク語 | 算数 | デンマーク語／算数 |
| 4 | 水泳 | 音楽 | デンマーク語 | 算数 | デンマーク語／算数 |
| 5 | 水泳 | デンマーク語 | 自然・技術 | デンマーク語 | デンマーク語 |
| 6 | UU | UU | 自然・技術 | GFO | UU |

（UUについては後述。GFOは竹内紀子氏によるとGentofte Kommunes Fritids Ordningerの略でゲントフテ市放課後（保育）学校。放課後の活動については別の市ではあるが第二章参照）

1-1　オードルップ国民学校２年生のあるクラスの時間割

りの二〇一五年九月二日、コペンハーゲンの北部近郊ゲントフ(Gentofte) 市にあるオードルップ (Ordrup) 国民学校の中庭では、小学校の低学年の子どもたちがデンマーク語の授業に取り組んでいた。さわやかな空気の中でうららかな陽射しをあびて、しかし二〇名ちょっとの子どもたちは熱心に何かに取り組んでいる。ファイルを見ながらテーブルの上を探し、単語の書いてあるカードを選ぶと、一〇数メートル離れた壁まで行って、そのカードをぺたっ、と貼り付ける。わざわざ離れたところに貼りに行くのは、できるだけ体を動かさせるという新しい方針を授業の中にも取り入れているということである。

この授業、実は九〇分の授業の一環である。四五分授業が二コマ、休み時間なしに並んでいる。なぜそうなっているかというと、後述するように前年度の二〇一四年度から国民学校改革が行われ授業時間が大幅に増えたため、この学校では二コマ連続でこなしているのである。あるクラスの時間割を上に示してみる。午後のデンマーク語を除き、ほぼすべてが二コマ連続で、その間に休憩時間はない。日本では大学生でも入学直後は九〇分の授業が長すぎて集中できない、とこぼしている。小学生に九〇分なんて無理なのでは？　という疑問を、参観前に行われたレクチャーで副校長先生に率直に聞いてみた。九〇分と言ってもひとつのことをずっとしているわけではなく、いろいろな活動を組み合わせて子どもが飽きないようにしている、というのがその答え。確かに目の前の子どもたちは、熱心に活動に取り組んでいる。

二〇一四年九月二四日に訪問したブロンビュー・ストランド（Brondby Strand）国民学校。コペンハーゲンの南東方面にあるブロンビュー市は移民の子どもが比較的多い地区である。低学年の英語の授業で、教科書の教材（バスが主人公で、子どもたちを運ぶ仕事に行く前、朝起きてからシャワーを浴びて、食事をして、出かけていく、という様子を英語で学ぶもの）の内容を理解するためにＴＴ方式でＴ１と生徒のやりとりを通じて授業が進められていた。また、授業の開始時、全員が立って「あたま・かた・ひざ・ポン！」の英語の歌を歌いながら体を動かすことをどんどんリズムを速くしながらくり返していく様子も見られた。子どもの活動を中心に、しかし教師が主導していく授業の様子は、デンマークで毎年のように授業を見てきた私たちの目には新しい試みと映った。授業の中で体を動かしていることも最初の例と同じである。休み時間に子どもたちは外に飛び出していって元気に体を動かしていたが、それもいま学校によって推奨されていることなのだそうだ。

次の時間は七年生（日本の中一）の地理の授業を参観した。一〇数人の子どもたちのなかに数人の移

| | | 月 | 火 | 水 | 木 | 金 |
|---|---|---|---|---|---|---|
| 1 | 8:00-8:45 | 体育 | 地理 | 化学 | 選択 | デンマーク語 |
| 2 | 8:45-9:30 | 体育 | デンマーク語 | 化学 | 選択 | デンマーク語 |
| 3 | 9:45-10:30 | ドイツ語・フランス語 | デンマーク語 | UU | 英語 | UU |
| 4 | 10:30-11:15 | デンマーク語 | デンマーク語 | 地理 | 英語 | 数学 |
| | 11:15-12:00 | 休憩 | 休憩 | 休憩 | 休憩 | 休憩 |
| 5 | 12:00-12:45 | 数学 | 英語 | 数学 | デンマーク語 | デザイン |
| 6 | 12:45-13:30 | 生物 | 英語 | 数学 | ドイツ語・フランス語 | デザイン |
| 7 | 13:45-14:30 | FF | 生物 | 歴史 | 英語 | FF |
| 8 | 14:30-15:15 | →14:45 | ドイツ語・フランス語 | | 数学 | →14:45 |

（UUとFFについては後述）

1-2　ブロンビュー・ストランド国民学校７年生の時間割

民の子弟が含まれている。最初はグループに分かれて与えられた用語のカード（例えば「熱帯」などと書いてある）について、互いに説明し合うところから始まった。グループは好きな相手と組んでいいようで、男女の混合はない。そもそも男子は教室の右側、女子は左側に座っているのだから、近くの生徒と組めば男女別になるのだが、そういえば他の学校でも男女が別れて座っているという場面をよく見る。授業の後半はクリスティーン先生が準備してきた動画を見せながら説明をしていた。

この七年生のクラスの時間割を上に挙げておこう。一時間目と二時間目、三と四、五と六、七と八の間に休憩時間がなく、やはり二コマ続きの授業が多いことに気づく。

二〇一六年八月三〇日には、コペンハーゲンの北部近郊、グラッサクセ(Gladsaxe)市にあるシュボー(Søborg)国民学校を訪問した。ここでは算数が得意な生徒のための特別授業を参観した。三年生の各クラスから五人ずつがもとのクラスの授業を抜けて集まっているそうだ。ＰＵＭＡというのはデンマーク語の頭文字で、算数の問題解決学習という意味合いらしい。週一回の授業が年間に一〇回あり、年度初めの時期だったので、参観したのが初回の授業だった。私たちが参観に来るというのでわざわざセットしてくれたようだ。

　この日一〇名の子どもたちが取り組んでいたのが左上の問題。私たちにはパズルの問題のようにも思えるのだが、二人の教師のもと、大きくふたつほどのグループに分かれてガヤガヤと話しながら並べたプラスチックのコインを動かしていた。わかった子どもは先生のところに行って答えを言ってみる。正解した子どもには別のプリントが渡されたが、この一問でほぼ一時間が過ぎていった。

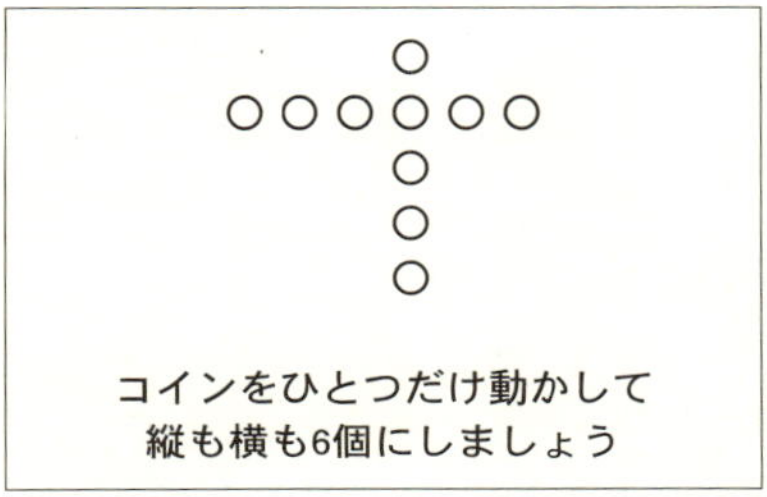
コインをひとつだけ動かして
縦も横も6個にしましょう

1-3　PUMAの問題

　説明によれば、この学校は五年前から国際的なこのプロジェクトに参加してこのような授業を展開しているということで、その意味では二〇一四年の教育改革によって始まったものではない。しかし、後述する教育改革の内容や目的に照らせば、この取り組みはその方向性に合致したものと見ることができる。クラスで五人の生徒を選ぶとき、算数が得意な子だけではなく、普通の算数の授業では飽きてモティベーションが落ちている子なども選んでいるというのが印象的だった。クラスに戻ったとき、彼らが積極的に算数の授業に取り組むだろうと期待されていた。このように一部を

1-4　算数の問題に取り組む子どもたち

取り出して授業を行う形態があるのか、と聞いたところ、デンマーク語の授業で、長い文章を読んだり、ジャーナリズムの勉強をするようなクラスを作っている、ということだった。

## 何がどのように変わったのか

以上、三つの国民学校の授業を参観した様子をレポートした。私たちの調査の目的は、二〇一四年の新学期（八月開始）から実施された国民学校改革の影響を確かめることだった。実施直後に訪問したブロンビュー市の学校は、教育改革に大変熱心である印象を受けた。しかし移民が比較的多く、新興住宅地を抱えたこの学校は、後で述べる国民学校改革と親和的であると考えられる。それまで私たちが調査対象としてきたコペンハーゲンの西部近郊も労働者の町で移民が比較的多く、若者たちが問題を抱えている。例えば移民が少なく、デンマークの伝統を維持しているような地域ではどうなのだろう。二〇一五年（最初の例）と二〇一六年（三つめの例）の学校を選んだのはそのような意図によるものだった。行ってみると、やはり新しい試みがそれぞれ工夫されている様子が見て取れた。

それはどのような点だろう。教師が話し続けるのではなく、子どもの活動を中心に組まれているところだろうか？　長年の教師主導型の授業から「アクティブ・ラーニング」（あるいは「主体的・対話的で深い学び」）への転換が行われようとしている日本からはそうも見える。しかしここ一〇数年、ほぼ毎年デンマークの国民学校の授業を見てきた筆者らは、デンマークではそれがこれまでも当たり前のように行われていたことを知っている。毎年のようにデンマークの学校で授業を参観させてもらってきたが、教師が「授業」をして、生徒がノートを取る、という授業を見ることは稀だった。筆者自身の狭い経験では、一〇年ほど前に、英語の授業でテキストを一文ずつデンマーク語に訳させていた先生がかえって昔ながらの教授法に見えて印象に残っているくらいである。その先生もそれをやっていたのは授業の前半で、後半はワークシートに取り組ませていた。そのほかの授業はおしなべて生徒の活動が中心の対話的（生徒間も生徒・教師間も含めて）な、あるいはワークシートに各自で取り組むような授業であった。

それでは、二〇一四年の国民学校改革とはどのようなものなのか。次節で紹介することにしたい。

# 第二節　国民学校改革

## 国民学校改革のねらいは？

二〇一三年七月七日にデンマーク政府（社会民主党、急進自由党、社会主義人民党、当時。その後社会主義人民党は閣外へ、また二〇一五年に政権交代）と野党間で交わされた、デンマークの国民学校に関する合意文書がある。(1) その文書によりながら、改革の目的を見てみよう。

文書ではまず、デンマークの国民学校が成功していることを強調する。「国民学校は民主主義のプロセスを理解し、参加する生徒の能力を高める。生徒はデンマークの市民としての将来の生活をよりよく準備する。デンマークの一学年の生徒は、デンマーク語と算数がよくできる。その上、生徒たちは対人関係の洗練されたスキル、ディベートの文化をもち、学校と学級の社会的雰囲気は全般的によい」。しかし一方で重大な危機にさらされていることも問題にしている。それは学習面のスタンダード（特に読解力と数学）が十分に高いとは言えないことである。国民学校卒業時点でのデンマーク語、数学、自然科学の成績はＯＥＣＤの平均にとどまっている。また、生徒の一五～一七％は読解力と数学の十分な技能を身につけないまま国民学校を卒業していて、これではグローバルな競争に打ち勝つことができない。学習面でのスタンダードを改善するために掲げられたのが次の三目標だ。

1）国民学校はすべての生徒がその潜在能力を発揮できるようにしなければならない
2）国民学校は学習面の結果に対する社会的背景の影響を少なくしなければならない。
3）国民学校の専門的知識と実践への敬意を通して、学校の信頼と生徒の幸福が強められなければならない。

社会的背景の影響を生徒のパフォーマンスからできるだけ排除すべきだという考え方は、日本でも子どもの貧困が社会問題化するにつれて注目されるようになってきた。デンマークなどの欧州の場合、移民の問題が日常生活の中で可視的であり、意識せざるを得ない。もちろん、そのほか諸々のバックグラウンドを抱えて、子どもたちは学校へやってくるのだが、その影響力を小さくしようという問題意識は、教育現場でインタビューしていると日本よりも強く感じられる。今回の教育改革の目的としてはこのことが大きいのではないかと考えるが、それについては第六章で後述したい。

1-5　シュボー国民学校の音楽の授業で体を動かす子どもたち

その目標のために、国民学校に重要な変化がもたらされた。

大きな変更点は、授業時間数を増やし、学校の滞在時間を長くするとともに、多様な学校生活を用意することである。例えば、毎日四五分を体操などの身体活動に費やすことも提案された。「合意」のなかでも「学校生活の中で、生徒が平均して四五分間に相当する身体的活動に参加することを保障することは校長の義務である」と述べられている。本章の冒頭で、授業中に体を動かしたり、休憩時間に運動が奨励されていることを述べたが、それらはこの方針を受けたものである。健康状態の促進だけでなく、そのほかの学びを支えるためのモティベーションの維持にもそれが必要だとされたのである。

## 授業時間数の増加

授業時間数の増加については、「合意」でも、週の最低授業時間数は、〇－三学年では三〇時間、四－六学年では三三時間、七－九学年では三五時間とされていた。実は、二〇一二年の七月にデンマーク政府が発表した教育改革に向けたパンフレット[2]では、四－六学年は三五時間、七－九学年で三七時間と、さらに多かったのである。

改革前の国民学校法（一九九三年法、以下「旧法」）では、週の最低授業時間数は〇－二学年で二〇時間、三学年は二二時間、四・五学年二四時間、六・七学年二六時間、八－一〇学年二八時間と定められていた。また、授業の一日の最大時間数は〇－二学年で五時間、三－五学年は六時間、六・七学年七時間、八－一〇学年八時間とされていた。これらの「時間」は四五分の授業のことを指す（旧法第一六条）。旧法第一五条では授業日を二〇〇日と定めていたので、年間は四〇週である。ただし、教科についてはどの学年でどの教科を学ぶかについては定めがあるものの（旧法第四条、例えば新法では一学年からとされた英語は三学年から）、時間数の配分については規定がなく、実際には後述のように、この最低数を上回って授業が行われていた。

これに対して新しい国民学校法（二〇一四年法、以下「新法」）では、第一四条bで年間の最低授業時間数が決められた。〇－三学年は一二〇〇時間、四－六学年は一三二〇時間、七－九学年は一四〇〇時間。年間二〇〇日という規定はなくなっているのだが、年間四〇週としてこれで割ってみると、三〇、

三三、三四時間となり、先ほどの「合意」の数字と一致する。これは最低時間数であるが、一四〇〇時間を超えてはならない。しかし七学年から九学年までの生徒がとる選択科目[3]（新法第九条第七項、一二〇時間以上）は含まれず、また特別に申請を行えば一四〇〇時間を超えることも許可される（第一四条第四項）。

大きな変化は、教科ごとの授業の時間配分が新法には規定されていることである。新法の付表1を次頁に掲げておく（1-6）。教科によって規定の位置づけは異なり、デンマーク語・歴史・算数／数学の三教科は必修最低時間数とされ、他の教科は推奨時間数とされている。

教科ごとの変化についてここでは詳しく触れられないが[4]、改革の目的と関わって、先に紹介した政党間の「合意」から主な点だけ紹介しておこう。ここでの改革前の数は実際の授業時間数の平均的な実情で、合計は法定の最低数をかなり上回る。まず、デンマーク語（四学年から九学年までで六時間が七時間に）と算数／数学（四学年から九学年までで四時間が五時間に）の授業時間数が増えたこと、それから先に述べたように英語が一学年からとなったことと第二外国語が五学年から（以前は七学年から）となったことである。また自然科学／技術も二時間増えた[5]。「基礎学力」重視、外国語重視、という傾向が見て取れる。しかし、これだけ見るとそれほど大がかりな改革とは思えない。実は、教科ごとの授業時間数以外のところで、大きな変化があったのである。

少々煩雑になるが、お付き合いいただきたい。付表には学年ごとの授業時間数の合計数が示されてい

| 教科別授業時間（必修最低時間数及び推奨時間数） | | | | | | | | | | | |
|---|---|---|---|---|---|---|---|---|---|---|---|
| 学年 | 幼稚園クラス | 1. | 2. | 3. | 4. | 5. | 6. | 7. | 8. | 9. | 合計時間数 |
| A. 人文科学科 | | | | | | | | | | | |
| デンマーク語（必修最低時間数） | | 330 | 300 | 270 | 210 | 210 | 210 | 210 | 210 | 210 | 2,160 |
| 英語（推奨時間数） | | 30 | 30 | 60 | 60 | 90 | 90 | 90 | 90 | 90 | 630 |
| ドイツ語またはフランス語（推奨時間数） | | | | | | 30 | 60 | 90 | 90 | 90 | 360 |
| 歴史（必修最低時間数） | | | | 30 | 60 | 60 | 60 | 60 | 60 | 30 | 360 |
| キリスト教（推奨時間数） | | 60 | 30 | 30 | 30 | 30 | 60 | | 30 | 30 | 300 |
| 社会（推奨時間数） | | | | | | | | | 60 | 60 | 120 |
| B. 自然科学 | | | | | | | | | | | |
| 算数／数学（必修最低時間数） | | 150 | 150 | 150 | 150 | 150 | 150 | 150 | 150 | 150 | 1,350 |
| 自然／技術（推奨時間数） | | 30 | 60 | 60 | 90 | 60 | 60 | | | | 360 |
| 地理（推奨時間数） | | | | | | | | 60 | 30 | 30 | 120 |
| 生物（推奨時間数） | | | | | | | | 60 | 60 | 30 | 150 |
| 物理／化学（推奨時間数） | | | | | | | | 60 | 60 | 90 | 210 |
| C. 実技 | | | | | | | | | | | |
| 体育（推奨時間数） | | 60 | 60 | 60 | 90 | 90 | 90 | 60 | 60 | 60 | 630 |
| 音楽（推奨時間数） | | 60 | 60 | 60 | 60 | 60 | 30 | | | | 330 |
| 美術（推奨時間数） | | 30 | 60 | 60 | 60 | 30 | | | | | 240 |
| 手芸及びデザイン、調理（推奨時間数） | | | | | 90 | 120 | 120 | 60 | | | 390 |
| D. 選択科目（推奨時間数） | | | | | | | | 60 | 60 | 60 | 180 |
| E. 学年ごとの年間最低授業時間数 | 600 | 750 | 750 | 780 | 900 | 930 | 930 | 960 | 960 | 930 | 7,890 幼稚園クラスを除く／8,490 |

備考　時間数は時計の１時間を指し、休憩時間は含まない。

**1-6　国民学校法付表１**

る。例えば、一学年でいえば七五〇時間であるが、これは備考にあるように、休憩時間を含まない六〇分を一時間としている。四五分の授業時間数（以下、わかりやすくするため「時間」ではなく仮に「コマ」と称する）を知るためには、この数字に三分の四をかけなければならない。この表の教科ごとの授業時間数は三〇の倍数になっていて、つまり三〇時間であれば四〇コマであり、前述のように年間四〇週であれば週一コマに換算される。そこで、一学年の七五〇時間は一〇〇〇コマということになる。ところで、先に紹介した年間の最低授業時間数は、一学年の場合一二〇〇コマである。その差、二〇〇コマ分が今回の改革の大きなポイントであった。

まず、日帰りの校外授業、課外授業、林間学校、学校旅行などが授業の一環とされたので（第一六条c）、この二〇〇コマにはそれらが含まれることになる。しかし、それ以外にも、教科の授業時間数ではないが、それを支える活動の時間が設けられたのが、今回の改革の目玉であった。前項で例示した時間割の中で、UU、FFと表示されていたものがそれにあたる。

## 教科の授業以外の授業

UUはunderstøttende undervisningの頭文字であり、直訳すると「支える教育」というような意味である。新法一六条a第一項で、「UUの目的は、国民学校で学ぶ教科の授業及び必修テーマと直接的な結びつきをもつ学習活動、または生徒の学習促進、社会的能力の育成、全面的発達、モティベーションと発育等を促すこととする」とされた。ここでいう「必修テーマ」とは、第七条に規定されている「一．交通規則　二．健康保険、性教育、家族　三．教育と就労」を指す。

第一五条第二項に「授業中に lektiehjælp 及び faglig fordybelse を設ける」という規定が新設された。lektiehjælp は直訳すれば「学習補助」、faglig fordybelse は同じく「専門深化」である。第三項ではこれらの活動について、任意で参加するとされ、放課後にも時間が設けられるとして、その時間を三学年までと七－九学年は八〇時間、四－六学年は一二〇時間の範囲内で行われること、と規定されていたが、二〇一六年度には削除されている。二〇一六年度に訪問した学校の時間割に faglig fordybelse を示すＦＦが週に一二〇分設定されていたのは先に紹介した通りで、これは年間八〇時間にあたる。削除されたのは時間数などを学校の裁量に任せたということで、ＦＦそのものを廃止したというわけではないと理解すべきであろう。第三項は削除したが第二項は残っているので、かえって「任意」ではなくなり生徒が出席をしなければならなくなったと解釈すべきだろう。

改革以前から、学校ごとに放課後、帰宅前の「宿題カフェ」などの取り組みが行われていることを筆者らも見聞していたが、そのようなものも含めた、新しい学習活動が提起されたのである。これにより子どもの学校への滞在時間が長くなり、そのことは教師の労働強化にも結びつくことから反対もあったので、当初の構想よりは少し後退したようにも見えるが、(6) 改革の目玉であることは間違いない。教育改革の準備過程でデンマーク政府が発行した英語のパンフレット(7)では、これらの内容は active lesson（活動的レッスン）と英訳されている。そこでどのような活動が想定されていたのか、具体的な内容を紹介してみよう。

「活動的レッスンは勉強のカリキュラムの延長として考えられなければならない。それは生徒たちに授業で習ったことを実践しリハーサルする時間を与えるものとなるかもしれない。活動的レッスンはまた、生徒が理論を実践に適用する実践的プロジェクトとなるかもしれない。例えば、数学をクラスメートに説明する映像を作成したり、あるいは小さな農園を作ったり、というような」。「低学年では活動的レッスンは遊びや学びのレッスンとして使われても良い。また、むずかしい計算の支援がされるような宿題支援として使われても良い。宿題支援というのは、読みやスペルや数学に関する問題に生徒が取り組む特別な授業プロジェクトにもなり得る」。「活動的レッスンは、教室の外の世界を教室のなかに持ち込む機会ともなり得る。これにより生徒は、異なる教科で教えられた知識を現実世界の実際の状況に適用することができる。自然の中で食材を集めて家庭で調理する、という野外学校のような形態もあり得るだろう。あるいは実際の仕事が与えられる自動車修理工場の訪問などもあり得る」。教科の学習と結びつけたものもあれば、合科的な、日本でいえば総合学習のイメージに近いような内容が含まれていることがわかる。

より詳しいパンフレットを見ると、[8] 横軸（左が深化と応用で右が訓練とくり返し）と縦軸（上が活動時間の短さ、下が長さ）の平面にいろいろな活動を配置している図がある。例えばＩＴベースの学習支援は右上（くり返し・短い）で、「テーマの日」や主題をもった学習は左（深化・応用側、長い方にも短い方にも出てくる）などである。後者の例のように、二つ以上の場所にくり返し出てくるものは他にもある。要は、多彩な内容が多様な形式で取り組まれる可能性があるということだろう。先に述べた「宿題カフェ」は右下（訓練・くり返しで長い）、という象限に位置づけられている。これについては教育改革に関するパンフレットの中で生徒の参加の項で次のように説明されている。「生徒がペアで勉強し、わからない子を助ける生徒間の宿題カフェは、効果が立証されている。それは生徒の社会的学問的能力を強め、生徒が学校で伸びることに貢献している」(9)。

さきほど教員の労働強化が問題となったことを書いたが、実際、このような活動を行うとなれば、学校の教員だけでは手が足りない。デンマークでは教員以外にペダゴーという生活面での支援を行う職があり、また、放課後の活動を支える施設も充実しているが、そこの職員らとも協働してFFなどの活動が行われている。放課後の活動については第二章で詳しく紹介したい。

## 職業一〇年生クラス

さて、国民学校改革の概略について述べてきたが、ここで改めて改革の目的を問い直してみたい。

筆者らは、今回の改革が労働者の質を改善するための職業教育改革の一環としての側面をもつという仮説をもっている。職業教育については第六章で詳しく述べるが、二〇一五年に行われた職業教育改革と、二〇一四年の学校改革はいわばセットであり、後者は前者をいわば準備するものだった、と考えているのである。

その証左が、国民学校改革により新設された「職業一〇年生クラス」（ＥＵＤ10）である。そもそも義務教育ではない第一〇学年の一〇年生クラスは、デンマークでは根付いているものの日本には類似のものがないのでイメージしづらいが、義務教育である0学年（幼稚園クラス）から九学年までの一〇年間を終えた後に、進学や就職する前にもう一年学びたいときに進学するもので、筆者らがこれまで訪問した中でも、学校に付設のものや、公立で一〇年生だけのクラスを提供する学校、私立学校で何年間かのコースの最終学年に当たるもの、いわゆる「エフタスコーレ」（全寮制の一〇年生一学年だけの学校）などバラエティがあった。また進学の動機も、もう少しゆったり学びたい者、学びたい何かをもった者、進学のための点数をもう少し上げたい者などさまざまであった。高校卒業後などに一年間アルバイトをしたり外国などで過ごしたりする「サバトー」の習慣とともに、日本から来た筆者らにはいかにもデンマークらしい、急がせずにゆったりと育てるデンマークの特徴を示すものに思えたのだが、さすがに半数以上が在籍するようになると為政者には「無駄」と映るらしく、見学に訪れるごとに、存続の危機を訴える関係者が多かった。このまま行くと一〇年生クラス自体なくなってしまうのかと思っていたのだが、二〇一四年の改革では新しいタイプの一〇年生クラスが新設されることになり、二〇一五年八月から実施された。

新しいＥＵＤ10は「生徒が基礎教育修了後、よりいっそう学習の質を高め、その後、青少年教育の進路を明確にするために、生徒に与えられる教育選択肢」（新法第一九条ａ）であるとされ、「九年生修了後、職業教育訓練に関心をもちながら当教育機関の入学資格をもたない生徒もしくは、進路決定について確信をもてない生徒のために」コムーネが準備することができるとされる（同上ｊ）。では、その「入学資格をもたない」とは何を意味するのだろうか。

二〇一五年八月一日から職業教育訓練（ＥＵＤ）の改革が予定されていた。労働者の質の向上を目的とし、教育的レディネスのある生徒のみがＥＵＤに進めるようにしようとするもので、「今日、ＥＵＤを始める生徒の多くが、読み、書き、算数の必要な基本的スキルをもたないために中途退学している。これにより失敗の経験を味わうことになる。また、生徒たちの一部が十分なスキルをもたないことで、教育の統一した共通の基礎を作ることがむずかしくなっているし、教育の質が、他の生徒にとっては悪くなっている」[10]という問題意識のもとに設定されたものである。具体的にはデンマークの7-point grading scale[11]（1-7）で、デンマーク語と数学でそれぞれ少

| デンマークの評定 | 評定の説明 | 同等のECTS※の評語 |
|---|---|---|
| 12 | すばらしい | A |
| 10 | とてもよい | B |
| 7 | よい | C |
| 4 | まずまず | D |
| 02 | 可 | E |
| 00 | 不適当 | Fx |
| -3 | 不可 | F |

※欧州単位互換制度（European Credit Transfer System, ECTS）

**1-7**　7-point grading scale

なくとも平均02をとり、かつ必要な教育的レディネスがあると評価された生徒だけが、EUDに入学を許可される。先の「入学資格をもたない」とはこの条件を満たさない者のことである。第一九条fで一〇年生クラスの生徒の試験について決めるなかで、「第一九条jの職業教育一〇年生クラスで学んだ生徒は、九年生クラス修了時にデンマーク語と数学の成績の両方とも、平均が02に満たなかった場合のみ、当科目のテストを受ける」とあるのは、九学年修了段階で入学資格を満たさなかった者に、一〇学年修了時に再チャレンジすることを求めているのである。

EUDの入学者に基礎学力とレディネスのバーを設けたわけだが、それに達しなかった生徒の受け皿としてEUD10が設けられ、一年後のEUD入学が目指されることになったのである。

## 第三節　日本との比較

### 「学力」の意味するもの

日本では「学力向上」が無批判に追求され、しかしその内実はと問われれば、単に試験における点数の向上を漠然と指していることが多い。もちろん近年はコンピテンシーが議論の俎上にのぼり、どのような学びでどのような力を付与すべきかという議論が始まっているが、一般的にはそのように言って間違いないのではないだろうか。

労働政策と職業訓練制度において「フレクシキュリティー」などが注目されているデンマークでは、教育改革についてもそのゴールは優秀な労働者なのであり、そのための職業訓練を有効に受けられるための学力とレディネスであることがわかった。

## EUD10の様子

二〇一五年八月に始まったばかりのEUD10だが、二〇一六年八月、そのうちの一校を訪問する機会を得た。私たちが訪問したグラッサクセ市にあるGXUという学校は、四年前にふたつの学校が合併してできた学校である。三部門に分かれ、第一が特別支援を必要とする一三歳以上の生徒のためのワークショップであり、六〇名が在籍している。第二が一〇年生クラスと一四歳以降に移民としてわたってきた人のための部門であり、第三が放課後や休日に若者が自由に学べるワークショップである。

一〇年生クラスは三〇人弱の生徒が在籍し、ドラマや体育など自分の興味のあるテーマを決めて学ぶ。半分はレディネスがないと診断された生徒であるが、それは①デンマーク語と数学の成績、②人間的・個人的なもの（時間や約束を守れるかなど）、③社会的なこと（協力して何かをできるか）、でみるということであった。①は02の成績が求められるようになったというのは先ほど述べた通りであり、レディネスという点では②と③であることがわかる。

その年、EUD10として在学しているのは一四名で、近くの技術学校と連携してプロジェクトを行っている。月水は技術学校へ行き、火木金はこの学校に通う。(12)

## 民主主義

GXUで最初に管理職からレクチャーを受けたとき、冒頭で「私たちがもっとも力を入れていることこと」として人間形成、特に「民主的な考え方をもった人間」を形成したいと述べられたことは印象的だった。特別支援の部門もあれば、多くが高校に進学する一〇年生クラスもあり、またＥＵＤ10の生徒も在籍するという多様な側面をもった学校であるが、一言で一番大事なことは何かといえば、民主的人格の形成、「民主主義」なのである。

このことは国民学校に行ったときにも感じたことであった。一〇年少し前、デンマークの教育に興味をもち始めた頃、国民学校に行くたびに教師によるレクチャーとともに、生徒による説明や学校の案内が組まれていた。筆者はとても申し訳なくて、いつも居心地の悪さを感じていた。教育について学ぶと称して他国の学校を訪問しながら、その国の子どもの学習権をしばし侵害しているように思えたからである。口に出して授業に出られなくて申し訳ないね、と言ったこともある。しかし、生徒会の役員である彼らから返ってくる答えは、私たちがホスト・ホステスなのだから、お客に応対するのは当たり前、ということであった。生徒が学校の主人公、ということが、彼らの身体に実体化しているように思えたものである。

ここ最近、訪問した学校では生徒からのレクチャーのようなものはなく、デンマークの学校も変わってしまったのかな、とも考えた。しかしそれは早とちりだったようだ。グラッサクセ市にあるシュボー国民学校で、校長先生とともに筆者らを迎えてくれたのは、六年生のマリーンさん。生徒会の副会長である。彼女は私たちを前に堂々と、生徒会や学校について話してくれた。デンマークの学校には学校運

**1-8　シュボー国民学校について説明するマリーンさん**

営委員会が置かれるが（新法第四二条）、保護者代表と並んで生徒代表二名がそのメンバーに含まれている（五学年までしかない場合を除く）。マリーンさんは生徒会の副会長で委員会のメンバーであり、生徒会で話した要求事項は学校運営委員として会議にもっていく。市に行くこともある。予算に関する話し合いの時は、夜三時間にも及ぶこともある。それでも嫌がらずに参加できるのは、学校を運営する主体としての意識を十分にもっているからである。

マリーンさんには、さらに教育改革についてどう思うかを聞いた。ＦＦなどの新しい取り組みについては、宿題をみんなでやったり、教科の授業ではできない遊びを含めた授業をしたりしていて、わからないことがわかるようになると好意的な意見であった。また、このクラスがどうやったらよくなるか、という話し合いも行われる。学校改革についてどう思うか、というおおざっぱな質問もしてみたが、最初は大変だったが、自分で学べることや新しいことを学べることなどいいこともある、とのことである。当事者として、堂々と自分の考えを述べる姿に感心した。

## 改革をどう具体化するか

民主主義、というのはなにも学校における生徒参加のことに限らない。最後に、本章において述べてきた国民学校改革がどのように具体化されていくかというプロセスについて少し考えてみたい。

冒頭に三つの小学校を紹介したが、そのなかで筆者らが最初に訪問したのは二番目に紹介したブロンビュー・ストランド国民学校である。移民をはじめとする労働者の家庭の子どもが比較的多い地区の学校であることは述べた通りである。改革の三つの目的を紹介したが、そのふたつめ、社会的背景の影響をできるだけ小さくしたいという点、あるいは職業教育の質を上げたいという改革の動機からすれば、まさに今回の国民学校改革に親和的な地域と言うことができる。最初に聞いた校長先生のレクチャーでも、改革の意義やそれに基づいた学校の取り組みを力説していた。日本と同じようにデンマークでも学力向上を目指した教育改革が始まってしまったのか、と考えていた筆者らは、それでは社会的背景の違いをあまり意識していない学校はどうなっているのだろう、と考え、後のふたつの学校を訪問した。例えば、オードルップ国民学校の地域はいわゆる高級住宅地で、ほとんどがアカデミックな学校に進学し、職業訓練教育に進学する生徒は多くない。

それらの学校で校長先生などにインタビューしていて感じたのは、改革の方針を上から下ろされてきたものとして絶対視するのではなく、自分たちの取り組みの中にどう生かすかを考え、それまでの教育活動と断絶したものではなく、それに連続させるものと位置づけて努力しているのではないか、ということである。それまでの実践がダメだったから、新しくこれを、ということではなく、それをどう生かすのか、どう新しい方向にもっていくのか、ということにみんなで知恵を絞るという努力をしている。その点では、おそらく最初の学校も変わりはないのだろうと考える。

例えばシュボー国民学校の校長先生に、改革についての意見を聞いてみると、次のように答えてくれた。新法ができたときにはいろいろな話し合いがあった。新法はすべての子どもがより多く学ぶ、ということなので、その立派な目的に反対はできない。動きづらいところもあって、ＵＵについては教科ではなく、伝統的な教科とぴったりとはマッチしないのでむずかしいところもある。

しかし、と彼が話してくれるのは、自分たちはこれまでもＰＡＬＳという取り組みを行ってきて、改革の一環としてこれを継続しようと考えている、ということであった。ＰＡＬＳという言葉を初めて聞いたが、「学習と相互交流における積極的な態度（positiv adfærd i læring og sampspil）」の頭文字で、アメリカやノルウェーでも行われている国際的なプロジェクトであり、デンマークでは社会庁のプロジェクトとして行われているそうだ。〝Godt!〟（Good!）と書かれたトランプのカード様のものを私たちもそれぞれ三枚ずつもらったが、よい行動に対してそのカードが与えられる。「責任をもつ」、「相手をリスペクトする」、「お互いに助け合い安全を確保する」という目的にかなう行動が賞賛されるようで、先ほど触れたマリーンさんはそのシステムを紹介しながら、遊び心のある取り組みで、低学年の子どもたちには楽しく受け入れられていると話してくれた。

校長先生は、この取り組みを紹介しながら、自分たちはシュボーに通う子どもたちにどんな子どもになって欲しいのかを一生懸命考えているのだ、と語った。国の国民学校改革に対して質問したことへの答えがそれである、ということが大事なのではないかと思うのである。

## 市の対応

そしてそれは学校だけのことではない。グラッサクセ市は『グラッサクセ市における国民学校改革の実施』(13)というパンフレットを発行しているが、その内容を見ると、グラッサクセ市では「学校はすでに学校改革を反映した教育活動を行っている」ことが強調され、「これらの活動は強められさらに発展されることになり、その経験は学校改革を実行し実現する作業の中で応用されるだろう」と述べている。そして、その例として挙げられているのが、先ほど紹介したPALSなのである。

改革が具体化されている点について、まず二〇一四年の授業時間数をみると、同市では一・二学年が前述の国民学校法の付表の数字より多くなっている。英語がそれぞれ週一コマに対して二コマ設定されているのである。一学年ではキリスト教が二コマに対して一コマと減らされているが、自然・技術が一

| 学年 | 教科授業 | | UU |
|---|---|---|---|
| | コマ | 時間 | 時間 |
| 0-3学年 | 26 | 19.5 | 10.5 |
| 4学年 | 30 | 22.5 | 10.5 |
| 5-6学年 | 31 | 23.25 | 9.75 |
| 7学年 | 32 | 24 | 11 |
| 8学年 | 32 | 24 | 11 |
| 9学年 | 31 | 23.25 | 11.75 |

1-9　UUの時間数（週あたり）

コマに対して二コマなので、一、二学年は最低授業コマ数が七五〇に対して総計は七八〇に増えている。三教科とも推奨時間数だから法律的にもそれで問題ないのだろうが、市としての独自の方向を示していることがわかる。

また、UUについては法律に時間数の規定がなかったので、グラッサクセ市での時間数をパンフレットから紹介しておこう。1-9をご覧いただきたい。授業時間数と見比べてもかなりの時間がUUに割かれていることがわかる。合計時間の三割強を占めているのである。市としてもこの時間を重視していることがわかる。

「首尾一貫し、教育的で多彩な一日」が改革の目的であるということは、先に述べた国の方針と一致している。市では、そのために「授業、学童保育、学校クラブが統合され」ること、またそのために「管理職、教師、ペダゴー、その他の教科の専門家」が立案と準備を行う、とされていることは注目すべきだろう。

また、先に述べた生徒参加という点に関わるが、市の学校改革を立案する作業にも生徒代表が関わっていることは特に注目に値する。二

○一三年の段階で三回の会合が生徒と大人の代表により開催され、学校改革が議論されたことが記録されている。

## 生活形式の民主主義

提唱された改革へのこのような姿勢、自分たちが納得するような形に消化していくような対し方をなぜ取ることができるのか。例えばFFについては、今回の改革の中でも中核に位置づけられる部分であるが、これについても具体化を議論するなかで修正が求められ、新法もすぐに改正が行われていることは先に見た通りである。

日本では、例えば「アクティブ・ラーニング」あるいは「主体的・対話的で深い学び」と言われると、一斉にその色に染まってしまう。その内実について間違ったものとは思わないし、筆者としては共鳴できることも多いのだが、この一斉に染まる様に違和感を覚えるのである。上から下ろされたことをすぐにやらなければ、という心性は、もしかしたらそれについて自分なりに考え、咀嚼するという過程を欠くことにつながるのではないか。

ここまで紹介してきた、例えばPALSを日本でもやるとよい、などと思っているわけではまったくない。UUについても、日本でいえば総合学習にあたるような部分があるものと考えられ、その点でいえば日本の方がよほど進んだ実践があることを筆者らは知っている。しかし、このいわば民主主義的な対処の仕方に日本も学ぶべきだと思うのである。ハル・コックの言う「生活形式の民主主義」[14]だろうか。デンマークの学校現場を観察してきて、もっとも大事に思えたのはこの点である。

教育改革を準備した政府のパンフレットでも、デンマークの教育の問題点を指摘して改革を目指しながら、「それは民主主義的プロセスに参加する現代的市民としての生活の準備を子どもたちにさせるという点で、国民学校がうまく機能している点に基礎を置いた改善でなければならない」としていた。「デンマークの国民学校がうまく機能している点」として、次の点を強調している点は重要だと思える。[15]

- 世界中の学校制度、学校、教師がいかに生徒たちに未来の市民としての生活の準備をさせているかという点を評価すると、デンマークは国際的調査で最上位にある。
- デンマークの生徒は、民主主義的プロセスを理解し、参加するという点に優れている。
- 生徒も教師もよいディベート文化を経験していて、学校にはよい社会的雰囲気がある。国際的調査で、デンマークはディベート文化を助長する点で最上位にある。

日本の学校が学ぶべきはこれらの点であるように思う。

## 第一章　注

（1）「デンマーク政府（社会民主党、急進自由党、社会主義人民党）とヴェンスタ（デンマーク自由党）、デンマーク国民党との間の、デンマークの国民学校（初等および前期中等教育）に関する合意」。英語版の "Agreement between the Danish Government (the Social Democrats, the Social - Liberal Party and the Socialist People's Party), the Liberal Party of Denmark and the Danish People's Party on an improvement of standards in the Danish public school (primary and lower secondary education)"（二〇一三年七月七日）は、デンマーク教育省のホームページで閲覧できる。

なお、このときのデンマーク政府は社会民主党を中心とする中道左派政権であったが、二〇一五年六月からは右派の自由党単独政権となっている。デンマークでは教育に関することは全政党の合意により進められるということは、現地で教育関係者からよく聞くことである。

（2）『学校をよりよいものにするために—デンマークの国民学校におけるスタンダードの改善』二〇一二年一二月、デンマーク政府。英語による原題 "How to make a good school even better - an improvement of the standards in the Danish public school", The Danish Government, 2012.

（3）選択科目として第九条では以下の教科が挙げられている。ドイツ語、フランス語、スペイン語、美術、メディア、映画、演劇、音楽、手工業・デザイン、調理、移民言語（習得済みの生徒）、職業に関係する学科。

（4）教科ごとの授業時間数の変化については次の拙稿を参照されたい。「デンマークの教育改革—二〇一四年国民学校法改正と二〇一五年の職業教育改革」『福島大学人間発達文化学類論集』第二二号（教育・心理部門）、二〇一六年。また、改革の背景については拙稿「中道左派政権によるデンマークの教育改革—よりよい国民学校をめざす方策の提案」『福島大学人間発達文化学類論集』第一九号（教育・心理部門）、二〇一四年、を参照されたい。なお、これらの論考において、デンマークの授業時間数の数え方、特に六〇分単位と四五分単位の記述の混在について、筆者の理解が足りていなかった。本書の記述と齟齬を来す部分があるが、本書の記述を参照されたい。

（5）先に述べたように、新法では教科ごとの最低授業時間数、推奨時間数が決められたが、旧法では規定がないので、標準的な時間数からの変化と理解できる。

（6）詳しくは（4）、拙稿（二〇一四）を参照されたい。

（7）（2）に同じ。なお、その後の教育改革に関するパンフレットではassisted learningという語が使われるようになる。デンマーク語のＵＵと対応した英訳である。"Improving the Public school - overview of reform of standards in the Danish public school (primary and lower secondary education)" デンマーク教育省。

（8）"lektiehjaelp og faglig fordybelse nye regler, nye muligheder" Minister for Børn, Undervising og Ligestilling. 2015.『学習支援とＦＦ―新しい規則、新しい可能性』デンマーク子ども・教育・平等省。

（9）（2）に同じ。

（10）"Improving Vocational Education and Training - overview of reform of the Danish vocational education system" 2014. デンマーク教育省。

（11）二〇〇七年からデンマークでの評価を国際比較しやすいように導入したもの。

（12）この点、（8）の文書にも新しいＥＵＤ10は「少なくとも教育の三〇％は職業カレッジの協力で行われなければならない」とあり、この学校のオリジナルではない。

（13）"Realisering af folkeskolereformen I Gladsaxe Kommune" Gladsaxe市、2014.

（14）『生活形式の民主主義―デンマーク社会の哲学』ハル・コック著、小池直人訳から多くの示唆を得た。

（15）（2）と同じ。なお、これに続いて、「一般的に教師は保護者からかなりの程度信頼されている」、「教師は最高度の信頼を得ている専門職のひとつである」とあることも大事な点であると考える。

（ＰＵＭＡの問題の正解は、「交差する箇所にコインを重ねて置く」だった。）

第二章

# 放課後の子どもたち

第一節

## 国民学校改革と放課後の活動

### 学校生活の拡充

本章では、子どもたちが放課後を過ごす施設に焦点を当てる。共働きがスタンダードのデンマークでは、放課後の活動が充実している。日本のような学校の部活動はなく、小学校段階までは学童保育や学校クラブ、中学校段階の生徒は青少年クラブなどの社会教育施設で放課後を過ごすのが普通である。デンマーク人は習慣的に朝が早いこともあって、昼過ぎには学校からそれら放課後の活動へと移行するのが一般的な光景であった。

第一章で見たように、国民学校改革により授業が増え、学校滞在時間が長くなったのだから、当然これら放課後の活動を圧迫することが予想される。実際、改革に関する政府の説明文書でも、改革は「授業時間数を増加して授業の質を向上させた、より長い学校生活」や「刺激に富んだ多様性のある学校生活を保障する新しい活動的レッスン」に帰結するとしており、「学校生活が拡充されるということは、子どもが放課後クラブで過ごす時間や、学校の学童保育において遊ぶ時間が短くなる、との見方もできる」と述べている。(1)

他方、「まだ学童保育の遊びを利用していない子どもたちもまた、学校の新しい活動的レッスンに参加することになるだろう。このことにより、例えばデンマーク以外の民族的背景をもつ子どもたちもかなりの程度巻き込むことになる。放課後クラブや学童保育での遊びから実際の学校へ時間と活動を移すことによって、子どもはますます調和のとれた刺激的な学校生活を送ることになるだろう」とも言及している。ここでいう「活動的レッスン」とは、第一章で紹介したUUやFFのことである。つまり、放課後にクラブなどで行われていた活動を学校の授業時間に取り入れることによって、学校生活がより刺激に富んだ多様なものとなり、これまでクラブに参加していなかった層（例えば移民の子ども）もそれを享受することができる、とされたのである。(2)

それでは実際、放課後の活動はどのようになっているのであろうか。事例として、まず第二節では国民学校の放課後について、第一章でも取り上げたグラッサクセ市内のシュボー国民学校のクラブにおける活動の様子を紹介する。第三節では社会教育施設としてのロドオア・ビルディング・プレイグランドを、また第四節ではゲントフテ市とグラッサクセ市の音楽学校を取り上げてみよう。

## 第二節　国民学校の放課後

### 放課後の活動

デンマークではこれまでも放課後の活動が盛んであった。まず、0年生から三年生までの生徒のために、学校にはSFOが設置されている。これはskolefritidsordningの頭字語で、直訳すると「学校の余暇の処理」というような意味になるが、学校の正課の時間外に児童を預かって、遊ばせたり、おやつを出したりする場所である。日本の学童保育に近く、学校とは別に管理され、ペダゴーなどのスタッフが運営してきた。以下、本書ではＳＦＯと表記することにする。グラッサクセ市の公立学校改革に関するパンフレット(3)には、朝七時から八時までと、一四時から一七時までの開設とある。

次に、四年生から（後で紹介するシュボー国民学校のクラブは三年生から）六年生までの生徒を対象とした学校クラブがある。後で見るように、日本でのクラブ活動というより学童クラブのイメージに近い。学校の敷地に付属しているが、やはりペダゴーが運営していて学校とは別組織である。前記のパンフレットには、一四時半から一八時まで活動すると書かれている。

最後が、七年生から九年生までの生徒が活動する青少年クラブ。先述したように日本の部活動のようなものは存在しないので、生徒は学校外の社会教育施設の活動に参加することになる。音楽や体育のクラブなどもある。設立母体も多様である。パンフレットには一五時から二二時までとあるが、もちろん二二時までは可能、という意味だと思われる。第一章で紹介したシュボー国民学校のマリーンさんが、サッカーのクラブに所属しているため学校クラブにはあまり行かないと言っていたように、六年生以下でも青少年クラブに所属することはあるようだ。第三節で紹介するロドオア・ビルディング・プレイグランドと、第四節の音楽学校は、このカテゴリーに属する施設である。

## 学校クラブでの活動——音楽スタジオ

第一章で紹介したシュボー国民学校を見学した後、付設の学校クラブについても見せてもらった。例として、この学校のクラブの様子を紹介してみたい。

放課後、子どもたちは校舎とは別にある敷地内のクラブの建物にやってくる。まずは地下の部屋に行き、荷物を置いて服を掛けると、それぞれの活動へと向かう。地下に音楽スタジオがあり、いくつかの楽器が置いてある。音楽を演奏することができ、まもなくグリーンスクリーン（緑色の撮影用背景布）が設置される予定で、ビデオの撮影やビデオクリップの制作も可能である。カラオケで歌も歌える。ガラスを隔てて副調整室用のスペースもあり、コンピュータやプロジェクタが置かれている。

ここでは、三年生から五年生のクラブ活動として、音楽ビデオを制作している。実際に、前の年の作品を見せてもらった。ラップ調の音楽に合わせて、クラブの子どもたちが歌う様子がつなぎ合わされている。聞くと、「大人がいなかったらしたいこと」というタイトルで、大人がいなければこんなことができるのに、例えば車も運転できるし、というような歌詞である。背景などがそのままクラブの紹介になっていて、ウサギを抱いて歌う子どもや、サッカー場で歌う子どもなどが登場する。担当のペダゴーは赴任して八年間、毎年これを作っている。youtubeにアップされていて、私たちが見せてもらったビデオクリップも〝Introsangen 2015 - SkoleKlubben Søborg〟として確認できたし、それまでの作品もあり、二〇一六年の作品もすでにアップされていた。この後説明するクラブの様子が実際に映像で確認できるので、興味のある読者はご覧いただきたい。

国民学校で話を聞いた際、特別支援が必要な四、五年生の数名の児童が、このスタジオを使って授業をしているという話もあった。原則的に別の施設なのだが、そのような使い方もあるようで、学校と放課後の活動を有機的に関連づけるという方向にそれは沿っているのだろう。そのケースについては、特別な支援が必要な児童にとって、比較的静かな環境が保障されるからいいのだ、という説明であった。

## 民主主義の重視

このクラブでの活動はもちろん音楽だけではなく、スポーツや絵、手芸、ウサギの飼育など他の活動もある。0年生クラスから二年生のSFOは放課後の保育のための施設なので、いわば義務のようなものでほとんどの子どもが行くのに対し、三年生以上の学校クラブは来たい子どもが来て好きな活動をするというのが一番の大きな違いである。

その運営については、民主主義を重視しているのが大事な点である。それぞれ責任者・副責任者がいて、自分たちで集まって運営を決める。それが社会に出る準備ともなる。何をやりたいかを決めるのは子どもたちであり、したい活動を発案し、承認されればそれが可能となる。お仕着せの活動ではなく、子どもの自主性がとても大切にされていることが、他の活動を見てもよくわかった。

## 学校クラブでの活動——ウサギ飼育、手芸、その他

その他の活動についても見せてもらった。施設の外に建っているのがウサギ小屋で、まるまると太ったウサギをそれぞれの子どもたちが抱っこしている。全員女子であったが、ペダゴーの話では男子も何人かはいるらしい。そのときは二二羽のウサギを飼っていたが、群れで飼っているのではなく、小屋の中に個室のオリがあって一羽ずつ入れられている。一羽を四、五人で担当し、交替で餌やりなどの世話をしているということであった。食べ物をどうするか、いつ、誰が面倒を見るかは、子ども同士で話し合って決めている。次節で紹介する青少年クラブでもウサギを子どもたちが飼っており、これはデンマークのひとつの伝統なのかもしれない。ウサギの飼育を通し、子どもたちの自主性と責任感が養われることになる。

次に案内されたのは、手芸の部屋。こちらも女子が多い。ミシンが置かれていて、クッションや、場合によっては服なども作る。以前訪れた別の学校クラブではテキスタイルの部屋があって、編み棒を手に二人がかりで大きな布を織っているのを見かけたことを思い出した。何を作るのか、そのためにどんな生地を買うか、など予算面のことも含めて自分たちで話し合う。別の部屋でも、様々なクリエーティブな活動が行われる。カップの絵付けやアメ作り、描画などである。

中心部にあるやや広い部屋では、宿題をしたり、おやつや飲み物を買って飲食できる。コンピュータルームもあり、たまたま私たちが訪問したときは停電中ということで、子どもたちはカードゲームに興

2-1　放課後クラブ（1）中心部の部屋

2-2　放課後クラブ（2）野外でのスポーツ

じていた。ほかにもいろんなゲームがあり、遊ぶことができる。外にはサッカーやバスケットなどスポーツができるスペースも当然ある。たまたま私たちが見に行ったときには改修中の部分もあったが、男子らを中心に、日頃はスポーツを楽しんでいるとのことであった。

放課後クラブの活動は三年生から六年生までの子どものためのものだが、施設そのものは夜になると七年生以上でも利用可能ということであった。午後五時から一〇時まで、ここに来る上級生もいて、履歴書の書き方などを学ぶのだという。

以上、放課後クラブの大まかな様子を紹介してきた。ここでも、子どもたちの自主性が尊重され、民主主義が強調されているのが印象的であった。

## 第三節　ロドオア・ビルディング・プレイグランドについて

私たちは二〇一四年九月と二〇一六年九月の二度にわたり、青少年クラブの一つであるロドオア市のビルディング・プレイグランド（建築遊び場）を訪問調査する機会を得た。以下、その際のインタビューや観察、ウェブページの情報をもとに、施設の概要やここでの活動、国民学校改革が及ぼした影響について紹介する。(4)

### 来歴

ロドオア・ビルディング・プレイグランド（以下、RBPと略記）は一九六四年、ロドオア市在住の都市建築家、ローレンツェンによるイニシアティヴのもと、設立された。(5) 新たな公営住宅の建設が開始された当時、余暇を過ごす場所がなかった付近の子どもたちが、建築現場から木材を持ち出し、組み立

2-3　様々な小屋（秘密基地）

て遊んでいたという。それを見ていた心ある大人たちが、その地域に住み始めた子どもたちがしっかり遊ぶための場所が必要と考えたことが発端となり、住宅街の一角に創設された。

　ビルディング・プレイグランド自体は、デンマーク各地に二〇ヶ所程度あるが、ＲＢＰは二番目に規模が大きく、また長い歴史を有する。二〇一四年訪問時は、五〇周年記念行事が行われた直後であった。[6] ＲＢＰは、とりわけ多様な遊び場と多くの動物たちが飼育されていることで知られる。「建築あそび場」と「動物飼育」の両方を手掛けたのは、ＲＢＰが最初であったとされる。[7]

## 施設の様子

　まず入り口を入ると、自然豊かな環境の中、子どもたちに割り当てられた区画内に創られた建築

2-4　ウサギ小屋

物の数々に圧倒される。自分たちがつくり、入って遊ぶための小屋（いわゆる「秘密基地」）から、子ども自らが飼育する動物（ウサギ、鶏、熱帯の鳥など）のために建てられた小屋が、ところ狭しと立ち並ぶ。火をおこし、ピザなどを焼くことのできるファイア・プレイス、野菜や花を栽培するための畑、コミュニティ用の鳥小屋やウサギ小屋、豚の養育場、イヴェントを催すための屋外ステージなどがある。

中央には広さ約三〇〇平方メートルの屋内施設があり、スタッフルーム、キッチン、子どもたちがおやつを食べたりパーティを開くカフェスペース、ビリヤード台、卓球台、レゴブロックなどで遊ぶ場所があり、ここでもオウムが飼われている。となりには様々な工房、格闘技場などがある。屋内施設を通り越した奥側の野外には、馬や

2-5　屋内施設

2-6　奥側屋外施設

羊など大きめの動物が飼育されている他、サッカーやホッケー、ハンドボールで遊ぶための運動場、ビーチバレーボール用のエリア、浅いプール、トランポリン、遊具、ウサギのトレーニング場などがある。すぐそばには小さな森があり、そこもロールプレイ等の場として活用されている。かつてビルディング・プレイグランドは、子どもたちに火や土、水、空気で遊ぶ方法を伝える場とされ、今もその要素は保持されているが、スポーツの日常化に伴い、対応した施設が増築され、特に夏場はよく利用されているという。

## 運営について

ＲＢＰは青少年余暇施設であるが、学校長がトップを兼務する国民学校付設のＳＦＯ、クラブとは異なり、完全に独立した施設であり、専属の主任を置いている。ロドオア市と協定を結んで助成を得ており、市からは同施設が進むべき緩やかな方向性が示されている。市とは二年おきに給与や労働時間に関する交渉が行われる。したがって、市と協定を結んでいる私立の独立施設、ということができる。

現在、七歳から一八歳までの二三〇人の子どもが登録している。学童保育から、青少年クラブ、青年クラブまでを兼ねた総合施設であり、(8) このように幅広い年齢を受け入れているビルディング・プレイグランドはデンマークでも珍しいという。ロドオア市内には、規模は小さいものの、これに類する施設が他に二つあり、合計六つの国民学校の二校ずつをそれぞれが主に担当している。

収入は、保護者が支払う毎月八〇〇クローナの他、ロドオア市との協定による五〇〇万クローナの補助であるが、スタッフ（ペダゴー）の給与や施設の維持管理や暖房費、日々の飲食費代だけでも優に年間五〇〇万クローナを上回るとのことである。ペダゴーのブリアン・ブレンストルップ（Brian Brendstrup）氏によると、このような非営利的な教育・文化施設が、デンマークでは社会システムの一部を構成しているという。

スタッフは一三名おり、平均的には朝一〇時にやって来て一八時には帰宅する、という労働スタイルである。雇用形態は日本からするとユニークで、全員が被雇用者であると同時に、雇い主でもある。新規に雇うといった場合に、その都度、雇用チームを編成し、決定を下すからである。誰かを解雇しなくてはならない場合のみ、主任が最終的な決断を下すことになる。二〇一四年調査時には、約半年経ってようやく慣れてきたという実習生も通っていた。

スタッフの主たる職務は、子どもと一緒に居て共に遊び、子どもがもっているアイデアや方法を支援し、導くことである。動物が多数いるため、施設は年中無休である。スタッフの多くは、子ども時代にここで過ごした人々であり、退職するまで在籍三〇年を超える人もおり、ポートレートが掲げられていた。三世代続けてここに通っているケースもあるとのことである。子どもも九年以上通うとポートレートが飾られ、ケーキを作ってみなでお祝いするという。

## 放課後の活動

ここでは従来から行われ、国民学校改革後の現在でも続く、午後の余暇時間における活動について紹介しておく。

ＲＢＰは元来、学校を終えた子どもたちが放課後、自分がしたいことをして自由に過ごす空間であり、名称にある通り、「組み立てる」「遊ぶ」がキーワードとなっている。子どもたちはできるだけ屋外に出て、家や小屋を建てたり、動物と遊んだりして、リラックスしながらも活動的に過ごす。デンマークでは、イノベイティブな発想や考えをもつためには、子ども時代に十分な自由時間を過ごし、その中で実験的なことや好きなことをし、自分固有の経験を構築することが大切と考えられてきた。ビルディング・プレイグランドは、その重要な場に位置づけられている。大人によってコーディネート、構造化された学校的な「教科」としてではなく、例えば小屋を組み立てるために材木の長さを計測することによって素材を直接に感じ、自ずと数学を身につけていく、という経験が大切にされてきた。

国民学校に通う子どもたちにおけるＲＢＰへの参加率であるが、一年生二〇名のクラスを例にとると、学校付設のＳＦＯに約一五名が通い、残りの約五名がＲＢＰに通う、といった割合である。毎日、平均一三〇名の子どもたちがＲＢＰで過ごす。第一節でも紹介した通り、学校付設のＳＦＯやクラブにはゲームやコンピュータが置かれているが、ＲＢＰにはないため、主に屋外で遊ぶことを好む子どもたちが通っている。(9) コンピュータ・ゲームを置かない環境は、保護者からも歓迎されている。

国民学校からは徒歩で約一〇分の距離で、子どもたちは歩くか自転車に乗ってやってくる。自分の属しているクラスで、いじめ問題を抱えている子どもにとっては、ＲＢＰでは別の学校やクラス、年齢の子どもたちと遊べる、という利点もある。

## 自由と責任

子どもたちは個人、またはグループで区画を割り当てられる。視察の際、説明してもらったのは仲良しの女子四名の区画であり、ピンク色のウサギ小屋が四つ建てられていた。ウサギ小屋は、できるだけ子ども自身の手で組み立てられ、色もすべて自分たちで決めてペンキを塗る。木材もスタッフが準備するのではなく、自分たちで寸法を測り、のこぎりを使って切り出す。平均的には一ヶ月程度を要するが、得意な子どもは一週間程度で作り上げるし、随分と長い時間をかける子どももいるという。もちろん製作期間は一日に何時間かけるかにもよるが、その判断が子どもに委ねられている点は、学校教育と大きく異なる。

彼女らには、残ったスペースに自分たちの家を建てること、養鶏場を作ること、動物を飼うことを選択する自由がある。ただ唯一、最終的にはスタッフと相談して決定する、という取り決めがある。彼女らはウサギの面倒見がとても良いということで、新たな小屋の建築に着手していた。中には餌を忘れずに与えたり、小屋を清潔に保つのが不得手な子どももおり、その場合には一匹しか飼うことを認めないという。餌は子どもたちが自分で買って与えており、休日や子どもが来ない日、連絡を受けた場合のみ、スタッフが代わりに与える。ペダゴーのスティリアノス・パッソミディス(Stylianos Passoumidis)氏によると、RBPではウサギを飼うことが、責任とはなにかを教えるための重要なツールとなっている。

## 動物から学ぶ生と性と死

施設奥側の馬場には三頭の馬が飼育されており、子どもたちも積極的に世話をする。五〇名程度が交代で乗馬するアクティビティが定期的に行われる。二〇一六年調査の日はヤギが放される曜日であり、施設内を自由に歩き回っていた。ウサギは個人所有、コミュニティのものを合わせると、二〇〇羽を超える。

二〇一四年に訪ねた際、豚が二匹飼われていたが、それらはクリスマスに皆で食すということであった。柵には豚肉の部位名を示す絵が掲げられており、それもまた大切な教育とされる。二匹の名前は「ハム」と「ベーコン」であり、食肉の加工法を示している。二〇一六年に飼われていたという「リブ」と「ロース」は、調査時には既に食された後であった。

子どもたちと一緒に、飼育している鶏の頭を切り落とし、捌いて料理し、食べるといった活動もあり、0学年生を対象に実施したこともあるという。このような活動の意味をしっかりと説明されている子どもたちからクレームが出ることはなく、まれに保護者から出される程度とのことである。二〇一六年調査の際は、食された直後であったのか屋内施設の入り口付近に豚の頭部が置かれていた。保護者もしばしば通る場所なので挑発的にも映ったが、豚への感謝の念を捧げているようにも思われた。

その他、RBPのあちらこちらに、ウサギや羊の毛皮が干してあるし、重い病気に罹患したウサギは、必要があれば子どもによる「お別れのだっこ」後、スタッフによって安楽死の処置がなされる。このように、子どもたちは日常的に「死」というものを感じることになる。

他方、RBPではウサギのブリード（繁殖）も行われており、春に交配日を設け、ある子どもはオス、ある子どもはメスを連れてきて、ペダゴーに依頼する。専用の場所に、まず子どもがオスを入れて一〇分程度待ち、今度は別の子どもがメスを連れてきて、繁殖の様子を観察したり、子ウサギの面倒をどう見るかの話し合いが行われる。新たにRBPに加入した子どもがウサギ小屋を建て始め、子ウサギをもらっていくこともある。このようにRBPでの活動には、「性」と「生」についてもタブー視されることなく、ごく自然に組み込まれているのである。

## 異年齢間の交流

主任のジョン・ソマーセット（John Sommerset）氏によると、七歳～一八歳までの多様な年齢層の子どもがいる施設はデンマークでも珍しく、RBPの利点となっている。大きな子どもにとっては、小さな子たちの面倒の見方を身につけるし、小さい子どもにとっては、自分がいずれそうなるというモデルを得ることになる。保護者は、自分の子どもがずいぶん年齢の違う子どもと仲が良いことに驚くこともあるという。

施設内放送で「サッカー開始」のアナウンスが流れると、対象年齢が決められていないので、あらゆる年齢層の子どもが男女問わず集まり、低年齢の子どもに配慮しつつも真剣に楽しそうに遊び始める。そしてペダゴーたちもまた真剣そのもので、本気でサッカーを楽しんでおり、子どもたちから尊敬のまなざしを集めているように思われた。

## 多様な学習

ペダゴーによる空手、柔道、レスリングといった格闘技の指導も真剣そのもので、男女問わず、しっかりと投げ飛ばしているのが印象的であった。このような活動を通して、他者の身体への正しいボディ・タッチの作法を学ぶのだという。ＲＢＰに通う子どもたちの約半数の親が離婚しており、ペダゴーに父親的役割を求めて参加している子どもが多いこともあり、レスリングは男子のみならず女子にも大変人気なアクティビティとのことであった。

見ていると格闘技はかなり激しいものがあり、またトランポリンでもアクロバティックな技を繰り出していたことから、子どもたちが怪我をしたらどうするのか、尋ねてみた。するとソマーセット主任は、必要があれば救急車を呼ぶが、それ以上の対応はしないという。保護者は、「何かに取り組めば、怪我を伴う。人生とはそういうものだ」というRBPの哲学を理解した上で子どもたちを通わせているため、苦情が出ることはまずないという。日本における近年の教育現場とのギャップは大きいと言わざるを得ない。

RBPでは、ADHDや自閉症の子どもたちも快適に過ごしているようである。国民学校の教室や、やや手狭なSFOでは馴染むことがむずかしい子どもも、天井の高いRBPの屋内施設や屋外では遊んだり、動物の世話をしたり、体を動かすことに集中して取り組んでいるという。学習障害の子どもに対しては、スポーツ、音楽、ダンスなどからまず得意なものを見つけてそれを伸ばし、また遊びを通して学べるような方法を模索しているという。このようなリソース志向（出来ることを大切にしつつ、次第に他へと敷衍させていく）の実践は、北欧に深く根付いているように思われる。重度の障害をもつ子どもの場合のみ、保護者が付き添うとのことであった。

## 国民学校改革への対応

教育改革に対するRBPスタッフの受け止め方はアンビバレントであるが、伝統的な教育スタイルから、活動、観察しながら学ぶという手法への転換自体は、どうやら好意的に受け止められているようである。ただ、百年以上の長い伝統をもつ国民学校の変化は緩慢で、新たな教育の形態に教師が適応するには多くの時間とコストを要するのではないか、との予測であった。特にRBPスタッフが懸念してい

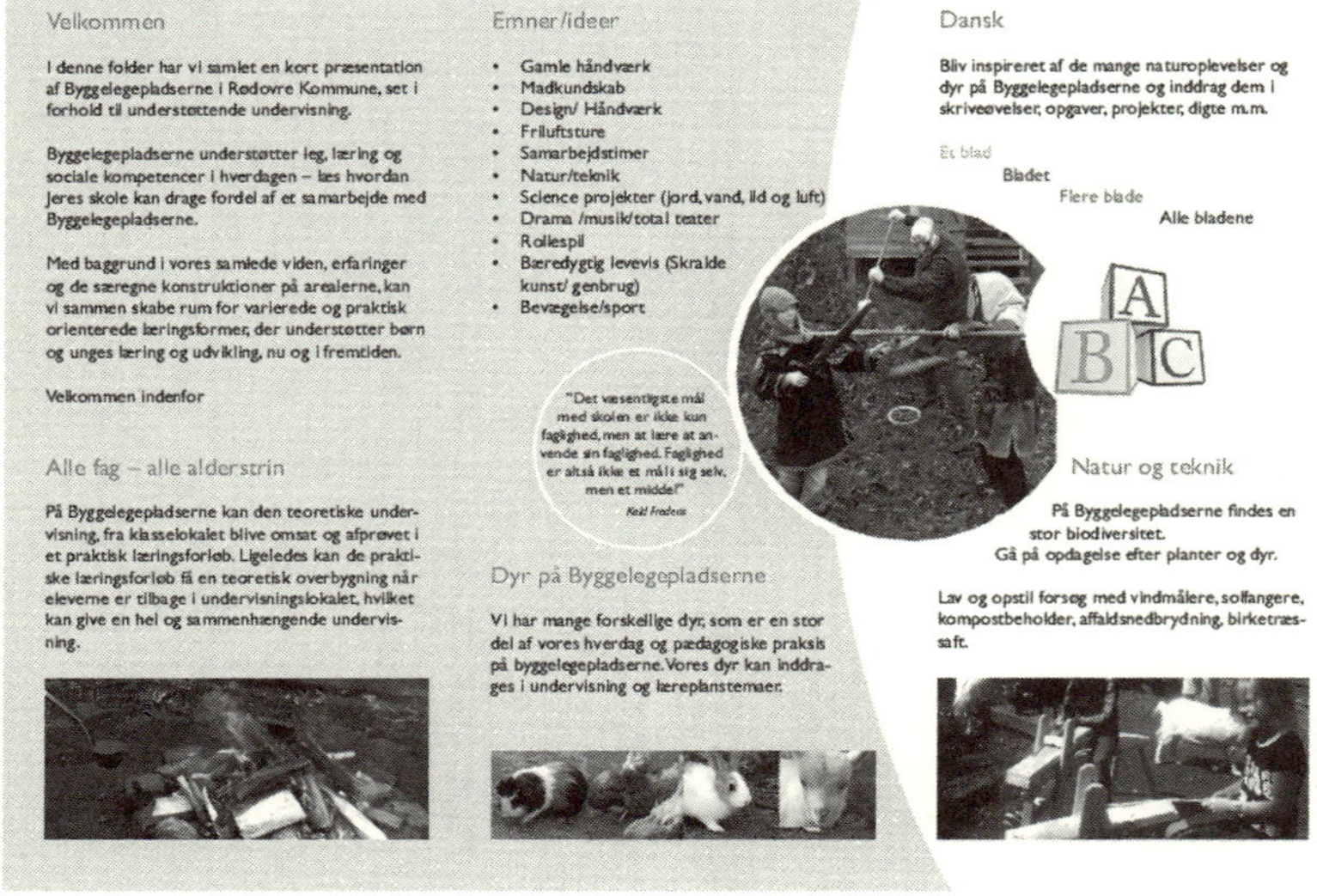

Velkommen

I denne folder har vi samlet en kort præsentation af Byggelegepladserne i Rødovre Kommune, set i forhold til understøttende undervisning.

Byggelegepladserne understøtter leg, læring og sociale kompetencer i hverdagen – læs hvordan Jeres skole kan drage fordel af et samarbejde med Byggelegepladserne.

Med baggrund i vores samlede viden, erfaringer og de særegne konstruktioner på arealerne, kan vi sammen skabe rum for varierede og praktisk orienterede læringsformer, der understøtter børn og unges læring og udvikling, nu og i fremtiden.

Velkommen indenfor

Alle fag – alle alderstrin

På Byggelegepladserne kan den teoretiske undervisning, fra klasselokalet blive omsat og afprøvet i et praktisk læringsforløb. Ligeledes kan de praktiske læringsforløb få en teoretisk overbygning når eleverne er tilbage i undervisningslokalet, hvilket kan give en hel og sammenhængende undervisning.

Emner/ideer

- Gamle håndværk
- Madkundskab
- Design/ Håndværk
- Friluftsture
- Samarbejdstimer
- Natur/teknik
- Science projekter (jord, vand, ild og luft)
- Drama /musik/total teater
- Rollespil
- Bæredygtig levevis (Skralde kunst/ genbrug)
- Bevægelse/sport

"Det væsentigste mål med skolen er ikke kun faglighed, men at lære at anvende sin faglighed. Faglighed er altså ikke et mål i sig selv, men et middel"
Keld Fredens

Dyr på Byggelegepladserne

Vi har mange forskellige dyr, som er en stor del af vores hverdag og pædagogiske praksis på byggelegepladserne. Vores dyr kan inddrages i undervisning og læreplanstemaer.

Dansk

Bliv inspireret af de mange naturoplevelser og dyr på Byggelegepladserne og inddrag dem i skriveøvelser, opgaver, projekter, digte m.m.

Et blad
Bladet
Flere blade
Alle bladene

A B C

Natur og teknik

På Byggelegepladserne findes en stor biodiversitet.
Gå på opdagelse efter planter og dyr.

Lav og opstil forsøg med vindmålere, solfangere, kompostbeholder, affaldsnedbrydning, birketræssaft.

**2-7　RBPのパンフレットから**

るのは、学校滞在時間が八時間に延びてしまうことで、子どもたち自身で余暇時間に何をするかを選択する時間が極めて限定的になった点である。

改革による学校滞在時間の延長は、ＲＢＰにも直接的な影響を及ぼしており、必然的に放課後の同施設における滞在時間の短縮が余儀なくされている。改革以前は、放課後に約五時間半子どもと関わることができていたのが、改革後は約三時間程度にまで切り詰められた。このような状況において市との協定（年間五〇〇万クローナの財政的補助）を維持するためには、同施設の総合的青少年クラブとしての有用性（経済的側面よりも、人間的な利益）を示す必要があり、その方途として着手されたのが、午前中における国民学校との連携である。ＲＢＰでは、右にあるようなパンフレット(10)を作成して国民学校に配布し、またオープンハウスを実施して教師と子どもを招くことで、ここでどのような教育活動が提供できるのかを広報している。国民学校側はそのような機会を通してＲＢＰのことを知り、インターネットを利用して予約を入れ、九時から一三時の間に教師と子どもが同施設にやってきて、学校とは異なる環境、手法による教育活動が展開されている。(11)

## 午前中の国民学校との連携

ＲＢＰのペダゴーは、従来までのような午後（放課後）に余暇時間を子どもと過ごす活動と、午前中（在校時間）の教育活動では、考え方や手法を変えなくてはならないという。余暇活動の内容は、子どもたちの主体性に委ねられてきたが、午前中は教科に焦点化するために、スタッフ側で内容を予め決定し、構造化する必要が生じるからである。

とはいえ、教師と子どもが午前中にＲＢＰに来た場合でも、施設のペダゴーが教師のような役割を果たすわけではない。ここに来ても教えるのは国民学校の教師であり、ペダゴーは教師側が求めていることをしっかりと把握し、それをサポートする、というチームワークを重視している。またペダゴーらは、教師側の創造性を刺激することで、木から落ちる葉や水、風を用いて、あるいは鳥小屋製作の過程で教科を学ばせる術を伝授しているという。とりわけファイア・プレイスでの活動は大切にされており、「もしあなたが良き教師で創造的ならば、火を通して数学を教え、デンマーク語を教え、英語を教え、歴史を教え、自然を教え、物理を教え、歌を教えることができる」のを示すことで、教師にインスピレーションを与えようとしている。

学校改革の実施直後の二〇一四年段階では、午前中の授業として、例えば数学を用いて実際に鳥小屋を作る、水遊び場や風車を作る経験を通して科学や物理を学ぶ、学校と協定を結んで畑を作り、花や野菜を育てて観察し調理もする、などが構想されていた。しかしながら、まだ学校側の反応は鈍く、午前中の予約はあまり入っていない様子であった。市との協定の見直しを懸念するＲＢＰは、生き残り策の一環として、三歳〜六歳までの保育領域への参入も視野に入れていた。

それが、改革が一定浸透し始めたと思われる二〇一六年調査時には、かなり軌道に乗っており、午前中の予約も増え、市からの財政的な削減もなかったとのことであった。教科学習はより具体化され、例えばデンマーク語の時間に「宝探し」と称してアルファベットＡ〜Ｚを施設内に隠して探させ、見つけたのがどんな文字なのかを考える、といった授業が展開されている。平均的な利用頻度は、一クラスにつき年間五回程度であるが、例えば三年生に「自然科学」というテーマが設定されていれば、二年生に比して利用回数が増加することになる。同年、ＲＢＰには一週間に三クラス程度の利用があり、年間で延べ一二〇クラスが訪れたという。中にはここにきてしっかり体を動かした後、学校に戻ったら集中して学習に取り組む、という目的のために使用されることもあるという。これは第一章で言及したＦＦに対応した活動であろう。

学校教員サイドは、ＲＢＰにきて子どもたちが遊びながら学ぶ様子を見てインスピレーションを得ることで、学校でもそういった手法を使えるようになっているという。ＲＢＰとしては、学校内で座って勉強するのみならず、外に出ていろいろなものに触れることで学ぶ、という教育改革の目的と、子どもたちがＲＢＰに来て学習する、という両者がうまく合致しているという感触をつかんでいるようである。保育への参入については現在も関心があるというが、トイレの整備等、施設設備に対する国や市の要求水準が高くなっていることもあり、実現には至っていない。

## 国民学校改革がもたらした負の側面

教育改革の負の面としては、学校の滞在の長時間化に伴い、子どもたちがとても疲れていることを指摘する。学校滞在中、常にこなさなくてはならないことがあり、頭の中が飽和状態でぐったりしている、という印象をペダゴーは受けているようである。

午後の放課後の活動は従前までと同様、建築やスポーツ、動物の世話など、子どもたちの主体性に委ねた中身であるが、学校改革の影響は、そこにも及んでいる。やはり時間をかければかけるほど、質の高いものができるのもまた事実であり、午後の自由な時間の短縮はそれを困難にしている。また子ども一人ひとりにきちんと対応する時間的余裕を失っているようである。常に急いで活動するようになってきており、子どもたちが気持ちよく快適に過ごせているかについて、注意を払う必要が生じているとのことであった。

特に学校での滞在時間が長い年長の子どもたちが、直接サッカーの練習に行ったり、あるいは宿題のために直帰するなどで、RBPに来ることがむずかしくなりつつあり、登録者の低年齢化が進んでいる。一五歳～一八歳といった年長の子どもたちはRBP文化の継承者でもあるだけに、このことはとても残念だという。対策として月に一度、夜の一〇時まで開けておく日を設けたものの、彼らはアルバイトなどで忙しく、多くが集まるには至っていないとのことであった。これまで音楽学校での演奏と、ここでのハンドボールの両方を楽しんでいた子どもが、学校改革後にこちらを辞めざるを得なくなったケースもある。以前は週に五日通っていた子どもが、三日に減らすようになった場合もあるという。

午前中の授業と、午後の活動との子どもたちの違いを尋ねたところ、午後の活動の方が参加度、積極性は高いという。午後は、子どもたちの得意な分野をまず伸ばし、次に苦手なことに移行させる、という方針がとても良く機能しているようである。ロドオア市の国民学校の生徒総数は七〇〇名を超えるため、時おり午前中にやってきて一時間程度を一緒に過ごすだけでは、社会的な関係性までは築けないことも影響している。

## RBPのこれから

五〇年間続いてきたRBPの歴史は、常に変化の連続であったとのことであり、今もまた大きな過渡期の最中にある。学校改革前は、ＲＢＰは国民学校側にとっての付加的選択肢にすぎず、両者は子どもがトラブルを起こした際のみ連絡を取り合う程度であった。改革後は連携が深まりつつあり、両者で情報を共有することで、協働して子どもの学校生活全体をより良くしていきたい、という意欲をもっているのである。

近年の一連の教育改革は、ペダゴーの養成教育にも影響を与えており、学校ペダゴー、社会的ペダゴー、保育ペダゴーというように専門分化が進んでいる。同施設のスタッフとして、新たにどの領域のペダゴーを採用するかは、改革に応じて同施設をこれからどう運営するのかに拠ることになる。今後の展開についても、継続的に注目していきたい。

# 第四節　音楽学校

私たち研究グループは、二〇一五年にゲントフテ市の音楽学校、二〇一六年にグラッサクセ市の音楽学校を訪問調査する機会を得た。前者では主に音楽学校に関する制度や教育改革の影響について聞き取り調査を行い、後者では実際の音楽レッスンの観察を行った。以下、その紹介である。

## ゲントフテ音楽学校の目的と運営

デンマークには「音楽学校法」という法律があり、各市には必ず公立の音楽学校を設置することが義務づけられている。かつて二三〇校以上あったとされる音楽学校であるが、二〇〇七年の地方行政改革による市の数の減少に伴い、九八校にまで統廃合された。二〇一五年九月、私たちはその一つであるゲントフテ音楽学校を訪問した。デンマークの中でも富裕層の居住率が高いこの地域の音楽学校は、高級住宅街の一角にあった。三階建ての立派な建物は「ゲントフテ文化学校」と名づけられており、その中には音楽学校の他に演劇学校、絵画学校、外国語学校が含まれている。各々はガラスのドアで仕切られている程度で、互いに協力し合っている。ここのように、過去一〇年程度で音楽のみならず美術や演劇など様々な分野が学べる文化学校が増えつつあるという。これは経営的な理由からではなく、子どもたちに多様な分野に触れさせることで、彼らの可能性を引き出し、伸ばすためという。

この文化学校は、ゲントフテ市の助成金で運営されており、公的な社会教育施設に位置づけられる。音楽学校だけで約二〇〇〇名の子どもたちが登録しており、音楽学校でのレッスンの他、国民学校などに教えに行くこともあり、国民学校改革後はその機会が増加している。美術や演劇、外国語のレッスンを受けているのは、三〇〇名程度である。

基本的には放課後学校なので、子どもたちは一四～一五時にかけてやってくる。午前中も教員や施設といったリソースを有効活用するために「文化パーク」と命名されており、教師が国民学校や保育園の子どもたちを連れてきて、一緒に音楽や絵画、ダンス、建築などを学習する。保育園、国民学校ともに、約二二〇名ずつが午前中の活動に登録している。

受講者の対象年齢は、0歳～二五歳までで、なんと生後四週間の赤ちゃんグループもある。レッスン料であるが、前記のように午前中、国民学校、保育園の「授業」としてレッスンを受ける場合は安価であるが、午後に自分の趣味としてピアノや演劇を学ぶ場合には、一シーズン（九ヶ月間）、週に一度のレッスンで合計三四〇〇クローナが必要となる。その他、ゲントフテ市から五二〇万クローナ、国から一二〇万クローナの助成があり、二〇〇〇人分のレッスン料の合計約三五〇万クローナの収益があることから、かなり潤沢な運営資金ということができるであろう。(12)

音楽学校の主要目的は二つあり、一つには才能のある子どもを専門の音楽家へと養成することである。才能豊かな子どもはテストを受けて、専門プログラムの受講や、プロジェクトへの参加が可能である。二つには、音楽その他の活動を通して人生をより豊かで意味深いものにすることにある。ゲントフテ音楽学校では、特に他者と過ごすことで社会的関係性を構築することに力を入れており、多くのグループ・アンサンブルやオーケストラ・プロジェクトを実施している。例えばクリスマスコンサートのエンディングには、一五〇人の参加者全員で演奏する機会が設けられている。

教員は約五〇名で、八ヶ国の出身者からなる国際的な布陣である。その多くが音楽大学を卒業しており、また総合大学音楽科の出身者もいる。例えば施設を紹介してくれた二人のリーダーグループは、一人がデンマーク音楽大学でギターを専攻し、もう一人がオーフス大学で「音楽と科学」を専攻したという。雇用する場合には、高い教育的能力を有しているのか、もしくは高い演奏スキルを有しているのかのどちらかを重視し、そういった教員の組み合わせを考えることで、音楽学校のプログラムを構成しているという。音楽大学を目指すような才能のある音楽家を養成すること、ゲントフテ市に住む子どもとして良い人生を送るために演奏することの双方が大切にされているからである。

2-8　声楽、器楽用レッスン室

## 施設設備について

ゲントフテ文化学校を視察したが、内装は白を基調とした落ち着いた雰囲気である。三階は美術学校であり、壁には子どもが制作した作品が飾ってある。窓から外をのぞくと、学校を囲む外壁も生徒によってペイントされており、モチーフは前年、外壁を倒すに至った強風である。週末は三〇クローナを支払えば誰でも参加し、芸術に触れ、また制作することができるシステムになっている。

二階の音楽室はしっかりと防音されており、ピアノが二台置かれていた。そのとなりは声楽、器楽用のレッスン室である。指導を受け、きちんと努力すれば、本格的な音楽家にもなれるという。夜は、成人向けの音楽教育プログラムでも活用されている。その横は、成人が第二外国語を学ぶた

**2-9　ロックバンド用「音楽レッド」**

めの語学教室である。その他、裁縫教室、焼物教室があり、ろくろや窯もある本格的な設備である。少し奥まったところに、フロアの黄色い通称「音楽イエロー」と呼ばれる部屋があり、ドラムセットが三つ、キーボード二台、ボンゴ、マリンバなどの打楽器が置かれている。最近、打楽器は子どもに人気という。その横には縦長で片側一面が鏡張りの広い部屋があり、ダンスや体操で利用される。

一階に降りると演劇学校があり、充実した照明器具を備えたステージがある。演劇の練習場として主に使用されているが、演劇の発表会のみならず、コンサートやダンス、会議なども催される。奥にはロックバンド用の部屋「音楽レッド」があり、ドラム、キーボード、スピーカーが置かれ、壁にはギターやベースが幾つも掛けられている。

ここでは小グループでのレッスンの他、ドラムや電子楽器のソロレッスンも行われている。生徒の耳を保護するため、入り口付近には耳栓が置いてあり、音量を表示するサウンド・イヤー（静かな時には緑色の耳の形、音量が大きいと真ん中に赤い丸が表示される）が設置されていた。真上にある「音楽イエロー」と音で干渉し合わないようにする意味もある。

## 音楽学校の教育活動と国民学校改革の影響

まず国民学校との連携である。先述の音楽学校法には、音楽学校は国民学校に協力すべき、ということが明記されており、さらに今回の改革では、国民学校も積極的に音楽学校を利用すべきことが示唆されているため、ゲントフテ音楽学校はこれを歓迎しているという。

改革以前から、音楽学校の教員は国民学校に派遣され、放課後に教えてきた。両親が関心を示せば音楽学校に申し込みをして費用を支払い、国民学校の施設を利用して指導を受けることもできる。0年生クラスではカリキュラム上、「音楽」は必修科目ではないが、音楽学校の教員と0年生クラスのペダゴーとが連携して音楽教育を行ってきた。音楽学校から派遣されるのは音楽のエキスパートであり、専門的な音楽の授業をするのに対し、担任は教育の専門家であり、子どもたちが行儀よくきちんと話を聞くよう対応する。国民学校の授業で音楽学校の教員が教える場合は、費用は国民学校側が負担する。

このような連携に加え、改革後は一学年以上のクラスへも教えに行くようになった。一年生からは必修教科となるため、さらに専門に踏み込んだ指導をしているという。そのような契約を結んでいる学校が市内において二〇一四年で三校、二〇一五年で二校あり、私たちが訪問したオードルップ国民学校の一～五年生も担当していた。どの学年の指導をするのかを決定するのは、国民学校側である。学校の教員とチームで教えるのは0年生のみであり、一～五年生は音楽学校の教員一人で教えているとのことである。国民学校側の音楽教師は、人数が足りていないようで、契約している学校にいた音楽教師が辞めてしまった後、補充することなく、音楽学校の教員に常時依頼しているケースもあるという。音楽学校との連携により、学校の音楽教師の雇用が抑制されている可能性が考えられる。

これまでは主に個人レッスン、あるいは小グループの指導を行ってきた音楽学校の教員にとっては、学校で一〇名～二〇名を相手に指導するのは、新たな挑戦である。これまでのところ、国民学校の教師からは集団を相手にする手法を学び、また教師にとってはレベルの高い音楽指導を間近に見られるため、互恵的な関係が得られているという。授業以外でも、発表会前の一週間といった短期の指導を求められる場合もあれば、長期にわたり個人やグループを指導してほしいという要請など、多様なオーダーに応じている。国民学校以外でも外部の指導を行っており、近年では老人ホームでの合唱指導や、保育園のペダゴー対象のヴォイストレーニングを実施したとのことであった。

才能のある子どもたちに対する専門教育であるが、ゲントフテ音楽学校は近辺の四つの音楽学校と連携し、各年度の才能豊かな子どもたち五名ずつを選出し、オーケストラを組ませるプロジェクトが展開されていた。(13) 同プロジェクトは、文化省からの助成を得ている。

## グラッサクセ音楽学校について

二〇一六年九月、私たち研究グループは、社会的には中間層が多数を占めるとされるグラッサクセ市の音楽学校を訪問調査した。アーニャ・レイフ（Anja Reiff）所長より同校の説明を受け、またレッスン風景を観察することができた。

グラッサクセ音楽学校には三二名の教員が在籍している。全員が音楽大学で学位を取得しているか、総合大学で音楽を専攻し、且つ教職免許を取得するための授業を受講していることを雇用条件にしているという。教員によって音楽的、教育的バックグラウンドは異なるため、特定のメソッドは採用しておらず、各自の方法で指導させているとのことであった。

子どもは放課後、同音楽学校に平均的には週に一度通っているが、一週間に何度も通う子どももいるという。音楽学校の目的は、ゲントフテ音楽学校と同様、一つにはエリート音楽家の養成、もう一つには楽しい余暇を過ごすということにある。将来的に音楽関係の仕事に就くという子どもばかりではなく、趣味や楽しみとして音楽を学んでいる子どものことも気にかけながらレッスンしているという。

扱われている音楽ジャンルは、ポップ、ロック、ヒップホップ、クラシック、ジャズなど幅広い。公立の音楽学校というと、クラシック音楽や伝統音楽をイメージしがちであるが、デンマークでは国民学校や一〇年生学校の音楽授業を含めて、ポピュラー音楽の教育が極めて盛んである。グラッサクセ音楽学校でこの年にリリースしたという二枚のCDを頂戴したが、一枚はロック、もう一枚はジャズのアルバムであった。

財政的には、ゲントフテ音楽学校と同様、国と市の助成、保護者が支払うレッスン料で運営がなされている。レッスン料は一ヶ月でソロは四五〇クローナ、グループで三〇〇クローナ、週に一コマ二五分間が平均的という。年間だと約三〇〇〇クローナかかることになり、低所得の家庭にはこれがネックとなる場合もあることから、市が補助しているという。

## レッスン風景

最初に観察したのは特別クラスで、ADHDやアスペルガーなどの診断を受けた低学年の子どもたち三人のグループである。このクラスの目的は、みなが集中して一緒に演奏することにある。スチールドラムを一人、子ども用の小さくてカラフルなトロンボーンを二人が担当し、それぞれの楽器を一名ずつの教員が指導していた。レゲー調のリズミックな後打ちリズムのスチールドラムに合わせて、トロンボーン担当の子どもたちは、ゆっくりと立ったり座ったりをくり返しながら、スキップリズムを多用したメロディを吹く。演奏が終わると、楽器を交代した。ドラムのリズムがうまく取れないと、教師が付き添って一緒に演奏した。

2-10　特別クラスのレッスン風景

立ったり座ったりと体を動かすことや、楽器を取り替えることにより、子どもたちは今何をしなくてはならないのかが明確になるため、集中力を高めるのに有用だという。このクラスは、八月に開始されてまだ三度目とのことであったが、楽しそうに真剣に取り組んでいた。他にも八名による打楽器グループがあるという。最初は音楽学校側でプログラムを準備し、ホームページに掲載したところ、保護者がそれを見て申し込んできたという。その後、情報が伝わり、自然と子どもたちが集まってきているとのことであった。最近開始された試みではあるが、これら特別クラスは、同音楽学校の特色となっている。

次に見たのは、音楽的才能を見込まれたタレント・クラスにおけるリコーダーのソロレッスンである。一四歳の女子が、テレマン作曲のソナタへ短調に取り組んでいた。その日がこの曲最初のレッスンということであり、教員より楽曲の文学性に関する解説がなされた。アルトリコーダー（生徒）とテナーリコーダー（教員）によるアンサンブルで、丁寧かつ情感豊かな演奏が披露され、拍手を誘った。

三番目は、趣味として音楽を楽しみたい、という一〇歳の女子二人組

2-11　タレントクラスのリコーダーレッスン

である。一人でレッスンを受けるのはあまり好きではないが、友だちとならば習ってみたいという子どもたちであった。このようなケースは、年々増えているらしい。伝統的なソロレッスンの方がやりやすいという教員も多い中、観察させていただいたベテランの女性教員は、これまでの自らの方法に工夫を加えることで、子どもたちに合わせた楽しい指導が提供できているという。

レッスンでは裏側に活動内容が書かれたカードが床に並べられ、釣り竿を模した磁石付きの玩具で一枚を子どもが吊り上げる。弓を持った右手を垂直に高く掲げ、脱力しながらゆっくりと手を下ろし、ボーイングする角度を確認しながらスタンバイする。伴奏的な副旋律を教員が弾き、生徒二人が主旋律を奏でる。今度は弓を置いてピッチカート、二人が伴奏で教師が主旋律である。次のカードでは体操が取り入れられる。楽器を水平に頭の上に乗せ、スライドさせるように肩まで落とし、正確なポジションを確認。弓の付け根を頭の上に乗せ、ゆっくりと下ろし、ボーイングの位置を確認する。しゃがみこみながら足の甲に弓の付け根を置き、また立ち上がって、姿勢を正す。

2-12　友だちとのヴァイオリンレッスン

民謡風の曲を奏で始めたが、リズム感が良くなかったため、いったん楽器を置かせ、教師の演奏に合わせて、生徒はテンポやリズムを意識しながら部屋をぐるぐると歩きまわる。四分音符ではすり足でゆっくりと歩き、八分音符では軽快に走る。再びヴァイオリンを手に取り、歩きながらの演奏。次のカードは細かいボーイングの後、ドイツ民謡「こぎつね」の演奏を披露してくれた。教員の多様な工夫で、子どもたちが生き生きと取り組んでいたのが印象的であった。

最後にドラムを一年間学んできたという一〇歳男子のロックのソロレッスンを観察した。教員のブルース・ピアノに合わせて、軽快にリズムを刻んでいた。ハイハットの練習を始めて一週間というが、見事なものであった。家でも電子ドラムを購入し、毎日練習しているという。教員から、テンポの正確性とグルーヴ感を高く評価されていた。

## デンマークの音楽学校の特質

ヨーロッパにおいては、音楽という文化領域において特段に知名度が高いわけではないデンマークであるが、すべての市で公的な音楽学校が設立されており、安価なレッスンを受けることができる、というのは西洋諸国においてもまれであろう。学習者である子どもたちはもとより、音楽を専門的に学んできた人々の就職先という面においても恵まれているといえよう。ゲントフテ音楽学校のような有力校が、国際的で優秀な教員をそろえることができるのも、このような魅力があってのことだと思われる。教員は教えながら、さらなる音楽的な高みを目指すこともできているのである。

デンマークでなぜ、音楽学校が伝統的に重んじられてきたのかが知りたかったのであるが、ついぞ音楽教員から明確な答えを得ることはできなかった。(14) 彼らにとっては音楽学校に国や市が注力するのが慣例であるため、特に歴史的経緯に思いを巡らせることはないようである。彼らは、音楽を学習してきたことへの自信に満ちあふれていたし、またデンマークの人々の音楽家やアーティストに対する敬意は、訪問先の端々で感じることとなった。経済的なパフォーマビリティで測られ、学習者人口も下落傾向にあり、就職先も限定され、公的支援もさして得られずにいる日本の音楽教育環境とのギャップは大きく、憧憬の念すら覚えた。

各市に設置されている音楽学校であるが、それぞれに固有の歴史や文化があり、今回訪問した二ヶ所を比較しただけでも、教員の採用基準や特別クラスの有無などに相違があった。地方行政改革で市の数が減少し、音楽学校の統廃合が進んだ際、各々が培ってきた文化のすり合わせには苦労したときく。ゲントフテ音楽学校は統廃合を免れたし、地域は高額所得者が大半を占め、音楽を学ばせることに関心の強い保護者が多いことから常にウェイティングリストを抱えているなど、例外的に恵まれている。しかし市によっては生徒集めに苦慮している音楽学校もあるとのことであった。グラッサクセ音楽学校では、レッスン料がネックとなり市から補助を受けて通わせている家庭もあるようだ。特別クラスの開設は、新たな利用者層開拓の一環なのかもしれない。

レッスンでは、みなが楽しそうに取り組んでいる姿が印象的であった。日本の英才音楽教育にみられるようなピリピリと張り詰めた雰囲気や、他者より抜きん出ようとする競争意識は余り感じられず、演奏行為自体の面白さを教員、友だちと共有しているようであった。日本では、将来的に音楽大学への進学や、音楽家を目指さない音楽レッスンは、「お遊び」などと称されて低くみられるきらいがあるが、デンマークでは将来の職業や専門性と結びつけない、そして学校の勉強とも一線を画したこのような放課後活動を、とても高く価値づけているように思われた。したがって、もしも演奏の出来のみでデンマークと日本を比較するならば、本質的な部分を見落としてしまうことになるであろう。デンマークでは音楽行為がよりよく生きることや生活を彩るものとして、広く深く根付いているように感じられた。

## 第五節　考察

以上、学校クラブやRBP、音楽学校を中心に、子どもたちの放課後の過ごし方や国民学校改革がこれら施設に与えた影響をみてきた。

学校クラブやRBPでは、子どもたちがペダゴーに何かを強制されることなく、自分たちがしたいことを主体的に選択し、楽しそうに取り組んでいるのが印象的であった。年齢を問わず、ペダゴーや友だち同士をファーストネームで呼び合い、和気あいあいと話し合い、取り組んでいく様子は、自由で民主的な気風にあふれていた。底流にグルントヴィやハル・コック、あるいはジョン・デューイらの思想哲学が息づいているようにも感じられた。他者と優劣を競うよりも、一緒に何かを作り出すことで楽しみを共有することを大切にするさまは、「ヒュッゲ」（親しい人同士の和やかな団欒）に価値を置くデンマークの文化的土壌の一部をなしているように思われた。

そういった文化的な風土は音楽学校にも通底しており、社会的相互作用を大切にし、協働で音楽を作り上げるプロジェクトが数多く立ち上げられていた。ソロよりも、仲の良い友人とのレッスンを希望する子どもたちの増加も、そのような価値観が反映されているものと推察される。もちろん、音楽を極めようとタレント・クラスで懸命に努力することも、推奨されている。

教育改革の影響で、ＲＢＰや音楽学校は午後の活動時間が短縮されたが、市に存在理由を示すため、国民学校と午前中の授業において連携することに今後の活路を見出していた。国民学校改革で打ち出された、活動しながら、観察しながら学ぶというスタイルは、これまでビルディング・プレイグランドが培ってきたスタイルととりわけ近似しているように思われた。そのことをＲＢＰのペダゴーに確認したところ、政府も首相もビルディング・プレイグランドのような教育を国民学校に求めていると述べたという。それに音楽学校の教員が国民学校で指導するということは、学校音楽教育に音楽学校の文化や手法が導入されることを意味する。そうなると、手法や内容において、国民学校と社会教育施設との境界線が薄れていく可能性が考えられるだろう。

他方、ＲＢＰのペダゴーは、余暇時間に自らが選択して音楽やハンドボールを楽しむのと、将来的な進路選択や単位化される学校の授業の一環としてそれらに取り組むのとでは、意味が全く異なることを指摘する。職業や単位取得のための活動となると、必然的に義務感にとらわれるため、純粋に楽しむことができなくなるからである。ペダゴーらは子どもたちが余暇時間に自ら選択した活動に没頭し、固有の経験を構築するための時間が削られていくことに、懸念を覚えているのである。

デンマークがこれまで大切にしてきた放課後の自由で主体的な余暇活動を今後も維持していくのか、あるいはグローバル化、効率化の波にさらされ、そういった活動が縮減されてしまうのか。国民学校と社会教育施設の独自性は維持されるのか、それとも連携が進み、双方の差異が薄まっていくのだろうか。今後も教育改革の帰趨と、それが子どもたちの放課後活動に及ぼす影響について注目していきたい。

第二章　注

(1) "How to make a good school even better - an improvement of the standards in the Danish public school", The Danish Government, 2012.

(2) 教育省は、「学校の一日が終わっても、遊びやスポーツ活動のための時間はまだたくさん残されているだろう」との認識なのである。

(3) "Realisering af folkeskolereformen I Gladsaxe Kommune, Gladsaxe Kommune" Gladsaxe市、2014.

(4) ロドオア・ビルディング・プレイグランドについては、澤渡夏代ブラント『デンマークの子育て・人育ち』大月書店、二〇〇五年、一九一～一九五頁や、青木真理・谷雅泰・加藤陽介・馬場正人・濱名香織・正木恵理子・渡辺麻貴「デンマーク教育事情視察報告」『福島大学地域創造』第一七巻第一号、二〇〇五年、八二～八三頁、馬場雅人・正木恵理子「青少年クラブ―ロドオアビルディングパーク」第七回デンマークの教育と生活を見る旅の会編『二〇〇五年 デンマークの教育と生活を知る旅』二〇〇五年、一九頁で取り上げられているので、そちらも参照されたい。

(5) http://byggeren.dk/?id=1&sid=23 (最終確認日、二〇一七年二月二七日)

（6）デンマークで最も古いものは、七〇周年を迎えたとのことであった。大村璋子氏によると、一九四三年、コペンハーゲンに世界最初の冒険あそび場「エンドラップ廃材あそび場」が作られたとあることから、このことであろう。イギリスでは一九四六年にエンドラップの取り組みが紹介され、冒険遊び場が隆盛したという。なお大村氏らが一九七四年に同所を訪れた際、感銘を受けて撮った写真が、世田谷近隣の人々を刺激し、冒険遊び場づくりにつながったとされる（大村璋子編著『遊びの力―遊びの環境づくり　三十年の歩みとこれから』萌文社、二〇〇九年、三六頁、一八三～一八四頁）。
（7）馬場・正木前掲報告書、一九頁。
（8）澤渡前掲書、一九一頁。
（9）青木他前掲論文によると、かつては子どものニーズに合わせてゲームを導入していた時期もあったようである。やめたのはＳＦＯや学校クラブとの差別化を図るためであろう。
（10）http://www.byggerbooking.dk/foldere-skole.asp　（最終確認日、二〇一七年二月二七日）
（11）ＲＢＰのスタッフが学校側に出向いて指導をするということはない。学校とはまるで異なるＲＢＰの環境やリソースを最大限に活用することが肝要と考えているからである。
（12）保護者が支払うレッスン料については、国から指針が示されている。
（13）二〇〇〇人の中から、楽器練習に十分な時間が使え、メインの楽器とピアノが演奏でき、音楽理論が理解でき、ほかの人々とのアンサンブルができる子ども五名を教員が選ぶとのことであった。
（14）このことについては、今後、歴史研究を通して明らかにしていきたい。

第三章

# インクルーシブ教育の再考

## ――日本とデンマークにおける特別支援教育の比較を通して

### デンマークの特別支援教育を考察する意味

「障害のある者の生活状態が障害のない者と同じであることが障害者の権利であり、そのために社会における障害者の生活状態を改善する必要がある」ことは「ノーマライゼーション（normalization）」理念として、社会一般で広く知られているだろう。これは、今日の障害者政策や特別支援教育においても重要な意味を成してきた。ノーマライゼーション理念が社会に示した新たな着眼点は、障害のある人々を「通常の状態にする」わけではなく「通常の生活条件を提供する」ことに基礎をおくことである。つまり、障害の状態を改善することだけでなく、障害のある人々の社会における環境を改善することによって、社会への適応を果たそうとする。これは、世界保健機構（ＷＨＯ：World Health Organization）が二〇〇一年に提唱したＩＣＦ（International Classification of Functioning）(1)にも反映されており、障害理解における「社会モデル」の重要な位置づけとして現在に至っている。

ノーマライゼーション理念を初めて提唱したニルス・エリック・バンク－ミケルセン（N. E. Bank-Mikkelsem）はデンマークの出身である。バンク－ミケルセンは知的障害に対する社会福祉の法律である「一九五九年法」の成立に尽力した人物として知られている。その法律のなかでも、もちろんノーマライゼーションについて触れられている。デンマークはノーマライゼーション理念をはじめとして、先進的な福祉政策や障害者政策の国であると想像することは自然な流れであろう。

## 第三章を通して紹介したいこと

第三章では、デンマークにおける特別支援教育(2)の特徴について考えてみたい。デンマークの特別支援教育を考察することで、日本の特別支援教育の現状と課題に対する再考につなげたいからである。デンマークの福祉政策や障害者政策の充実から、概して、「デンマークの特別支援教育は先進的なものである」という認識が強いかもしれない。このような論調の書物は、これまでもたくさん出版されてきた。それでは、デンマークの特別支援教育は日本のそれと比較して「どのような点が優れている」のだろうか。その背景として「どのような要因が影響を及ぼしている」のだろうか。両国の特別支援教育の差異を浮き彫りにすることで、今後の日本における特別支援教育の展望についてまとめてみたい。

## 第一節　デンマークにおける特別支援教育の基礎的理解

デンマークの特別支援教育は、国民学校法の第二〇条の第二項において、「specialundervisning og anden specialpædagogisk bistand（本章では「特別支援教育」と訳す）」と表記されている。特別支援教育が実施される場所には、特別支援学校（specialskole）や特別支援学級（specialklass）に加えて、通常学級におけるインクルーシブ教育（enkeltintegreret undervisning）などがある。最近では、一〇年生学校も含めて、様々な形態で実施されているのが現状である。また、対象とする障害種には、弱視、難聴、知的障害、言語障害、難読症、学習障害、自閉症、注意欠陥多動性障害などがある。肢体不自由や重度・重複障害も含めて、各障害種に特化した特別支援学校や特別支援学級が存在する（是永、二〇一

三、桑原、二〇一二)。

デンマークの特別支援教育に関する調査研究には、地方自治体改革(二〇〇五年六月法制化、二〇〇七年一月発効)がもたらした教育政策の転換に関する内容が目立ち、特に、是永や真城が継続的な調査研究を発表している。また、デンマークにおける特別支援教育の教育課程などの特徴については、片岡、姉崎、桑原に報告がある。まずは、日本で発表された文献をもとにして、デンマークにおける特別支援教育の特徴を概観していきたい。

## 地方自治体改革がもたらした特別支援教育の変容

序章でも触れられたように、デンマークは地方自治体改革によって「アムト(amt:以下、「県」とする)」が廃止され「コムーネ(kommune:以下、「市」とする)」が再編された(一四の県が廃止され、二七一あった市が九八に統合された)。特別支援教育への影響として考えれば、県の管理・運営体制下にあった特別支援学校が市の管理・運営体制下に移管されたことが挙げられる。つまり、重度の障害のある子どもたち(例えば、介助が必要な子どもや知的能力が低い子どもなど)は、改革以前(二〇〇七年以前)は県が管理・運営する特別支援学校に通っていたが、改革後は市が管理・運営する特別支援学校に通うこととなったわけである。一方で、軽度の障害のある子どもたちは、改革前後で変わらず国民学校に設置された特別支援学級に通うことになる。日本で考えれば、都道府県の管理・運営体制にある特別支援学校が市の管理・運営体制に移行したと類似のことであろう。片岡（二〇〇九）および姉崎（二〇一二）によれば、県が管理・運営していた特別支援学校はおよそ五〇校あったと報告がある。これらが市の管理・運営体制になったのだから、特別支援教育についても行政単位の小規模化が自ずと進んだと言える（是永、二〇一三、是永・真城、二〇一一、二〇一三）。これは、第三章を通して論じるデンマークの「インクルーシブ教育」の展開と親和性が高い。

デンマークの地方自治体改革が特別支援教育に及ぼした影響について理解するため、ここで、一般的な定義としてのインクルーシブ教育について触れておきたい。インクルーシブ教育とは、障害の有無に関わらずともに学ぶ仕組みであり、「障害のある者が教育制度一般から排除されないこと、自己の生活する地域において初等中等教育の機会が与えられること、個人に必要な合理的配慮が提供される等が必要」とされている。つまり、子どもたちがもつ個別のニーズは多様であり、それらを満たす目的のもとに行われる教育と言える。国際連合が主導した「障害者の権利に関する条約（二〇〇六年一二月採択、二〇〇八年五月発効）[3]」にもその記載がある。注目すべきは、「自己の生活する地域において初等中等教育の機会が与えられること」が明記されている点である。日本では、特別支援学校の障害種によっては生活地域に学校が存在せず、親元から離れることを余儀なくされる子どもたちもいるのが現状である。実際に、通学圏内に小・中学校は存在しても、特別支援学校が必ずしも存在するわけではない（通学圏内に特別支援学級すら存在しない地域もある）。また、特に地方部においては、特別支援学校が最寄り駅から離れた不便な場所に作られることが多い。障害者の権利に関する条約では、そのような子どもたちをなくし、生活地域で初等中等教育の機会を受けられるように配慮しなければならないとしているのである。

デンマークの特別支援教育の現状として、地方自治体改革による行政単位の小規模化で、否応なしにインクルーシブ教育への変化が求められている様子が想像できる。そこには、多くの課題があることも事実のようである。以下に、地方自治体改革がもたらしたデンマークにおける「インクルーシブ教育」の課題について考えてみる。

## 特別支援教育の変容にみる課題

地方自治体改革による特別支援教育の変化について、移管先の市の教育理念との関係で興味深い報告がある。是永（二〇一三）は、様々な市を対象として、県が廃止された後のインクルーシブ教育の展開について地域差を考慮し調査を行った。その結果、地方自治体改革の以前から分離教育的措置(4)の割合が低かった市では、市に設置された通常学校の機能拡大、教育資源の開発を行う特徴が見られた。一方で、分離教育的措置の割合が高かった市では、特別支援学校の専門性を活用する傾向が継続されていたことを報告した。つまり、もともとインクルーシブ教育理念を強く有していた市（分離教育的措置の割合が低かった市）ではそれが促進された一方で、インクルーシブ教育理念の意識が低い市では特別支援学校での専門性を重視していることがうかがえる。デンマークでは、「インクルーシブ教育」を強く意識することによって、ますます特別支援学校の専門性が低下することになると、そこに危機感を感じている教師もいる。

同じ文献から、財政面について、特別支援学校の管理・運営体制が市に移管されたことで、学校の運営に要する予算の確保が困難になった事例が紹介されている。特に、市内の国民学校と特別支援学校の教育予算の財源が同じであるため、その配分の割合や効率化が課題として挙げられている。教育予算の配分に関する課題は、特別支援学校における支援体制にも変化をもたらしている。デンマークの特別支援学校は、教員やペダゴー(5)などが支援体制を構築してきた。これらに加えて、作業療法士、理学療法士、言語聴覚士などの医療専門スタッフの配置も充実しているのが特長である。しかし、教育予算の財源が市内の国民学校と同じになったことで国民学校への予算配分が優先され、特別支援学校への予算配分が減額される危惧が生じているのである。つまり、県の管理・運営で採用されていた医療専門スタッフが異動を余儀なくされ、特別支援学校での専門性の低下(6)が懸念されている。

## 第二節　デンマークにおける特別支援教育の実際——訪問調査から

第一節では、デンマークにおける特別支援教育について、地方自治体改革とともに文献から概観した。地方自治体改革がもたらした行政区の小規模化により「インクルーシブ教育」への政策転換がうかがえると同時に、特別支援学校の専門性の保証に関する懸念が垣間見える。第二節では、我々が二〇一六年九月に現地で聞き取り調査[7]を行った内容を紹介する。取り上げる学校は、国民学校に設置された特別支援学級（一校）と特別支援学校（二校）である。特別支援学校については、障害種による特徴の差異を紹介するために、知的障害やダウン症のうち重度の子どものための特別支援学校とアスペルガー障害や注意欠陥多動性障害などの発達障害および感情や不安に関する障害を対象とした特別支援学校を取り上げる。

3-1　シュボー国民学校

## 特別支援学級への訪問（シュボー国民学校：Søborg Skole）

グラッサクセ（Gladsaxe）[8] 市にあるシュボー（Søborg）国民学校に設置された特別支援学級で、注意欠陥多動性障害のある子どもを対象としている。国民学校の規模はおよそ六〇〇名の子ども（各クラスは二八名程度で編制されている）が在籍しており、そのうち四五名が特別支援学級に在籍している。特別支援学級は六クラスに分かれており、およそ七名の子どもに対して二〜三名の教師とペダゴーが対応している。課外授業やプロジェクト授業、教科について通常学級との交流教育が活発に行われている。例えば、数学の時間（一二、三歳）であれば、通常学級が能力別にAクラスとBクラス（それぞれ二八名程度）、特別支援学級がCクラス（七名程度）となる。特別支援学級

3-2　活動の見通しを子どもたちと共有するボード（シュボー国民学校特別支援学級の様子）

の子どものうち数学が得意な子どもはAクラスあるいはBクラスで学ぶことができる。通常学級の子どもであれ特別支援学級の子どもであれ、同様の試験を受けることが特徴として挙げられる（教科と内容は同じだが、そのレベルは異なると説明があった）。インクルーシブ教育を意識して、同じ年齢どうしが学べる環境を構築したことがうかがえる。また、子どもどうしだけではなく、通常学級と特別支援学級の教師どうしの交流も積極的に行っているということであった。校長は、インクルーシブ教育について「バターの穴（うまみがたまる場所）」というコメントとともに興味深い内容を話してくれた。バターは「豊かさ」の象徴として使われることから、(9) インクルーシブ教育に基づいて通常学級および特別支援学級の子どもたちに、学校が素敵な場所あるいは安心できて居心地・住み心地の良い場所としての気持ちを起こさせるような環境を構築したいと解釈できる。障害の有無に関わらず、子どもどうし（あるいは社会）にとって住み心地の良い場所を構築すべきであると主張しているとも解釈できる。

3-3　スコウモーセスコーレンの入り口

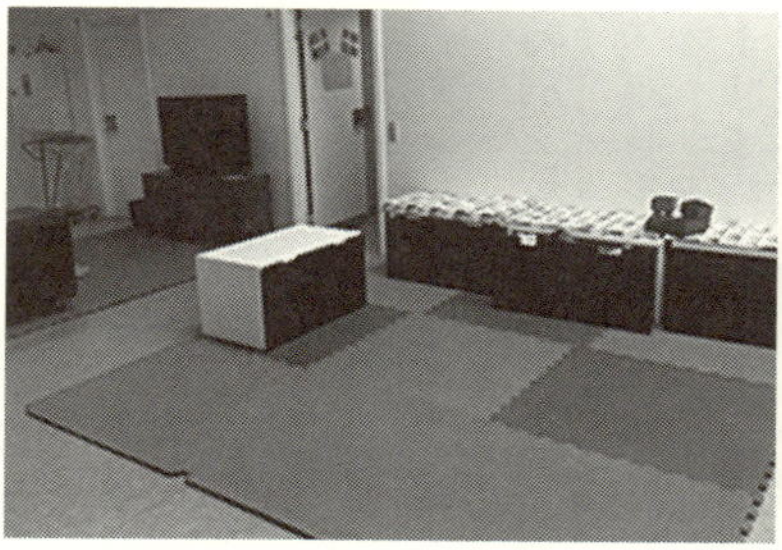

3-4　スコウモーセスコーレンの様子

## 特別支援学校への訪問（スコウモーセスコーレン：Skovmoseskolen）

ロドオア（Rødovre）市にある知的障害、ダウン症や自閉症などの重症度が高い障害種を対象とした特別支援学校であり、車イスの子どもなど、介助を必要とする子どもが在籍している。学校の規模としては、六～一七歳のおよそ一一〇名の子ども、およそ四〇名の教師、およそ四五名のペダゴーが在籍している。重度の子どもが在籍している特別支援学校であるため、各クラスにはアシスタントがおり、子どもたちの生活習慣（食事、排泄、着替えなど）を支援している。各クラスは一つの障害種で編制するわけではなく、様々な障害種を含めて編制しているとのことであった。様々な障害種の子どもたちがお互いに刺激を与え合うことを目的としているためである。支援体制を担うのは、教師とペダゴーであり、他にも作業療法士（三名）、理学療法士（三名）、心理士（二名）、言語聴覚士（二名）が在籍している。教師のなかには管理部門に在籍している管理職もおり（六名）、それらが中心となって、各クラスの状況を考慮しつつ支援体制のなかで綿密な連携をとっている。保護者との連携をとることも管理職のすべき重要な内容である。この学校の体制として特筆すべきものには、すべての子どもたちが学校とリンクされたiPadを所持していることがある。読書や書字もiPadで行うことが推奨されており、保護者も子どもも、一日のプログラムを把握できる利点がある。学校全体の行事（パーティーや運動に関する行事）は子どもたちが集団活動を行う重要な機会であるため、教師も積極的に参加して活動の内容を広げている。

### 特別支援学校への訪問（カスパースコーレン：Kasperskolen）

バレルップ（Ballerup）市にある自閉症やアスペルガー障害、注意欠陥多動性障害などの発達障害および感情や不安に関する障害を対象とした特別支援学校である。興味深いことに、学校名である「Kasperskolen」の「Kasper」は、デンマークで最初に自閉症と診断された子どもの名前という説明があった。学校の規模としては、およそ一三〇名の子どもとおよそ一四〇名のスタッフ（教師、ペダゴー、言語療法士、理学療法士、心理士）が在籍している。各学級で支援体制を担うのは、三名の教師と三名のペダゴーである。各学級における子どもの数は六名程度であるが、高学年になると八〜九名程度に増やすとのことであった。これは、卒業後に上級学校へと進学する子どもがいるためで（一〇〜一五％の卒業生が進学する）、集団生活に適応する目的がある。一般的に、特別支援学校を卒業した後は就労するか授産施設で働くイメージがあるかもしれない。しかし、カスパースコーレンに在籍する子どもたちは知的障害を伴わないので（多くの場合は、通常教育に準じた内容を勉強しているので）、卒業後は上級学校に[10]

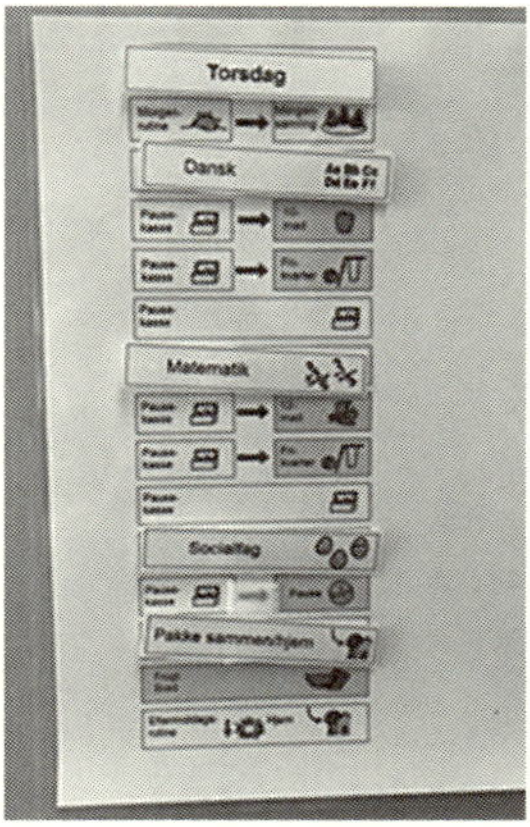


3-5　カスパースコーレンの教室にある教材
（1週間の内容が書かれている）

進学する割合が高くなる。教職員どうしの連携が特色として挙げられ、管理部とチームがあり、チームが支援内容を決定する。週に一度、すべてのチームが参加する情報交換会があり、支援内容の紹介が行われる。効果的な支援内容は他のチームでも積極的に採用される。保護者への支援も充実しており、学校での効果的な支援方法は家庭でも用いるように伝達がなされている。この学校の特色として、アスペルガー障害や注意欠陥多動性障害など様々な障害種の子どもが同じクラスに在籍していることが挙げられる。個々の空間は保ちつつも、グループとして行動することにより、互いに良い影響を及ぼしているとのことであった。教育内容としては、まずは学校で生活できることを目的としている。基本的生活習慣の獲得を目指し、その上で、教科内容の習得を目標としている。教科の内容については、基本的には通常教育に準じた内容を行っているとのことであった。

## 第三節　デンマークにおける「インクルーシブ教育」への政策転換による特別支援教育の課題

第二節では、我々が実施した訪問調査から各学校の様子を紹介した。第三節では、各学校における調査から見えてきたデンマークの特別支援教育が抱える課題について考察したい。特に、地方自治体改革による「インクルーシブ教育」への政策転換によって、各学校が抱える困難は何であるのか、そのことについて考察することが、日本の今後のインクルーシブ教育政策を考える上で重要なヒントになると期待できるからである。各学校における聞き取り調査で垣間見えた内容を項目に分けて述べる。特に、「特別支援学校間の連携に関する課題」、「適性就学に関する課題」、「学校の運営予算の配分に関する課題」に注目して考察する。

## 特別支援学校間の連携に関する課題

まず、各特別支援学校の連携に関する課題について考えてみたい。デンマークの特別支援学校にも、日本と同様に、障害種による専門性の差異が存在する。したがって、各特別支援学校における教育上の課題は異なることになる。そして、特別支援学校の管理・運営が市に移管されたことは、つまり、市単位で見れば、対応できる障害種が異なる可能性を意味する。一方で、特別支援学校には様々な障害のある子どもたちが就学している。特に、近年の障害の重度化・重複化を考慮すれば、特定の障害種のみに対応していては、特別支援学校としての機能を果たせない可能性も生じる。ただ、特別支援学校の実情として、すべての障害種に対応できる事例(11)は、日本を含めて少ないのが現実と言わざるを得ないだろう。

ここで重要になるのが、特別支援学校間の連携である。様々な特別支援学校どうしが連携することでお互いの専門性を共有し、子どもの障害種と子どもが通っている特別支援学校の専門性が異なっていても対応できる利点がある。この点について、スコウモーセスコーレンの調査で対応してくれた担当者(Helle V. Nielsen、管理職)は、県が特別支援学校を管理・運営していたときの方が、現在よりも特別支援学校間の連携がとれていたことを教えてくれた。スコウモーセスコーレンでは、肢体不自由のある子どもたちはバスで通学しているが、最大で七五分かかる場所(他の市)から通学している子どもがいる。仮に、異なる障害種を専門とする特別支援学校間の連携がとれていれば、他の市にある特別支援学校においても（その特別支援学校が本来の専門とする障害種ではない子どもが在籍していたとしても）、対応できるかもしれない。行政規模が小さくなったことで、特別支援学校の存在する行政区が異なることになり、結果的に、特別支援学校間の連携が取りにくくなっていることがうかがえる。その観点で、市よりも広い行政規模である県の方が、特別支援学校間の連携がとれていたと解釈できる。

日本でも、特別支援学校間の連携は重要とされている。特に、特別支援学校には「地域において特別支援教育を推進する立場」である「センター的機能[12]」が期待されているが、特別支援学校と通常学校との連携だけでなく、障害種の異なる特別支援学校間の連携が必要である。日本の場合は、都道府県が管理・運営を行う特別支援学校が多いので、例えば、同じ県に存在する視覚障害を主とした特別支援学校と知的障害を主とした特別支援学校との連携を通した専門性の共有は可能と言える。実際の例[13]で言うと、視覚障害を主とした特別支援学校や聴覚障害を主とした特別支援学校は学校数が少ないというのも背景にあるだろうが、それらの教員が有している専門性は特殊である（例えば、拡大鏡や補聴器の使い方など）。したがって、近隣の学校はおろか、県を単位として様々な学校と連携しているのが実情のようである。しかし、市が管理・運営を行う特別支援学校であれば、事情は異なることが予想できる。つまり、行政区が異なることは、特別支援学校間の連携の障壁となる可能性がある。特別支援学校間の連携が進まなければ、教育に関する専門性の共有がなされることは考えにくい。行政規模の縮小により特別支援学校間の連携が取りにくくなることで、特別支援学校の専門性が低下する可能性が想定される。

## 適性就学に関する課題

次に、子どもの障害種に合わせた適性就学の課題を取り上げたい。デンマークでは、障害の重症度や障害種によって特別支援学級や特別支援学校など様々な教育環境が用意されている。この点は、日本と同様である。

特別支援学級で言えば、各市が、各国民学校の特別支援学級が対応する障害種を決定している。その上で、国民学校の特別支援学級で障害種に対応した教育環境を提供している。障害種を考慮した就学については、市のＰＰＲ（Pædagogisk Psykologisk Rådgivning：教育心理助言者）[14]が対応する。ＰＰＲは、各市に設置された学校で働く心理職の部署であり、子どもに対するアセスメントを行っている。例えば、シュボー国民学校があるグラッサクセ市の例で言うと、市内には七校の国民学校があり、それぞれの国民学校の特別支援学級で対応する障害種が異なる。シュボー国民学校には、注意欠陥多動性障害に特化した特別支援学級が設置されている。就学時に特別支援学級が適当と判断され入学する子どももいれば、通常学級に就学後、生活面あるいは学習面で課題が生じたために特別支援学級へと措置替えする子どももいる。このあたりの事情は、デンマークも日本も同様である。

一方で、特別支援学校であるスコウモーセスコーレンとカスパースコーレンについては、共通に指摘された課題が興味深い。スコウモーセスコーレンでは、国民学校に通っている子どもが、およそ三～四年生で困難を抱えることになり転学してくることが多いそうである。デンマークの「インクルーシブ教育」への政策転換により、これまでは特別支援学校に通学していたような障害（障害種および重症度の観点で）の子どもたちも国民学校へ入学することが多くなった。しかし、発達段階に伴って社会生活が困難になり、結果的にスコウモーセスコーレンへ転学する子どもが多いとのことであった。カスパースコーレンでは、以前は国民学校の七年生程度（日本の中学校の一年生程度に該当する）で転学してくる子どもが多かったものの、現在はより低い年齢で転学してくる子どもも多いことが指摘された。これに関して、最近の動向から以下の三パターンが指摘された。「①診断の精度が上がったために、以前よりも早期に特別支援を受け始める子ども」、「②国民学校での不登校経験があって転学してくる子ども」、「③義務教育が修了する間際で転学してくる子ども」である。かつては、スコウモーセスコーレンの事例と同様に、軽度な障害のある子どももカスパースコーレンに通学していたが、「インクルーシブ教育」への政策転換にともなって、それらの子どもたちは国民学校の通常学級に通学するよう政策が進められている。一方で、国民学校に入学した軽度の障害のある子どもたちは、成長につれて国民学校では対応しきれなくなり（学習面や生活面における課題が見られるようになり）、特別支援学校に転学することとなる事例が多い。(15) スコウモーセスコーレンとカスパースコーレンでは、子どもの就学に関して同様の課題認識が存在すると言えるだろう。つまり、「インクルーシブ教育」への政策転換によって、障害の有無に関わらず国民学校での教育が進む一方で、特別支援教育の専門性も併存した形が適切である。単に国民学校に入学すればインクルーシブな教育環境と言えるわけではないとも言える。個々の教育ニーズを満たすために様々な選択肢を用意できることこそが、多様性を認めたインクルーシブな教育環境と考えられる。特別支援教育の専門性をなくしてしまうことが重要な政策ではなく、特別支援教育も含めた様々な教育環境の選択を可能にすることが必要である。

これは、日本でも同様のことである。デンマークの事例からわかるように、仮に、形態としての「インクルーシブ教育」への政策転換（つまり、障害のある子どもたちも通常学級へ通うこと）があっても、適切な指導がなされずに生活上の課題が見られれば、子どもたちは特別支援学級への措置替えや特別支援学校への転学を行うことが想定される。子どもの教育ニーズを満たすことが重要であって、そのために特別支援教育の専門性が重視されるのであれば、積極的にそれを利用できる就学システムを構築すべきである。日本においても、通常教育への統合のみを優先するわけではなく、そのなかでの適切な支援内容を考慮する必要があるだろう。

## 学校の運営予算の配分に関する課題

予算に関する課題についても各学校から指摘があった。シュボー国民学校では、特別支援学級の運営予算について市からプレッシャーを感じているようであった。つまり、市（ここでは、グラッサクセ市）にしてみれば、国民学校に特別支援学級を設置することで運営予算の追加が必要なわけであり、特別支援学級の小規模化（あるいは、通常学級での「インクルーシブ教育」の展開）により、予算の効率化を目指しているのではないかと疑念をもつ。このことは、管理・運営が市に移管された特別支援学校にとっても同じことである。スコウモーセスコーレンとカスパースコーレンからは、管理・運営が市に移管されたことに関して、同様に予算面の懸念が示された。つまり、地方自治体改革以前、県が特別支援学校の管理・運営を行っていたときは、運営予算に関して市が管理・運営する国民学校とは異なる財源であったわけである。一方で、市が特別支援学校の管理・運営を行う現在では、市内の国民学校と特別支援学校の運営予算の財源が同じであるため、県が管理・運営を行っていたときよりも予算が減額される可能性を危惧していた。国民学校の通常学級、国民学校の特別支援学級、特別支援学校の財源が一つになったことで、各学校に対する運営予算の配分は市の教育に対する考え方に左右されることになったと言える。

特別支援教育に関する運営予算が減額された場合、結果として生じる不利益は、専門スタッフの充実が図れないことにある。この指摘は、特別支援学校であるスコウモーセスコーレンから出された。特に、スコウモーセスコーレンでは様々な障害種に対応しているため、それだけ異なる職種間の連携が必要になる。この場合、教師やペダゴーに加え、医療専門スタッフ（心理士、作業療法士、理学療法士など）が必要とされるが、必要なスタッフを配置できない懸念がある。それでも、日本よりもデンマークの支援体制は充実していることは事実である。特に、医療専門スタッフが配置されていることは、日本の多くの特別支援学校とは大きく異なる点であろう。(16) 学校の運営予算の課題は、どの国でも見られるものであるが、医療専門スタッフの充実という日本が見習うべき観点は、ぜひ継続してほしいものである。

カスパースコーレンでは、別の観点から運営予算の危惧が挙げられた。デンマークにおける「インクルーシブ教育」への政策転換により、在籍する子どもの数が減少していることである。そこで、子どもの数を維持するためにも、発達障害のある子どもの受け入れを始めた経緯があるとのことであった（不安障害の子どもも受け入れている）。発達障害や心理的な課題のある子どもを受け入れている点がカスパースコーレンの特徴であり、日本の特別支援学校でも取り入れるべきと考えられる（髙橋・谷・青木、二〇一六）。一方で、それはデンマーク政府による「インクルーシブ教育」への政策転換に対する策として生じたものであることがうかがえる。

## 第四節　まとめ——日本の特別支援教育はデンマークから何を学ぶのか

これまで、文献からの基礎的知見および我々が実施した現地での聞き取り調査を通して、デンマークの特別支援教育への理解を深めてきた。特に、地方自治体改革がもたらした「インクルーシブ教育」への政策転換と特別支援教育の変化について見てきた。第四節では、デンマークにおける教育環境の変化を先行事例として捉え、日本における特別支援教育の今後を展望することで本章のまとめとしたい。

## デンマークの「インクルーシブ教育」は行政単位の小規模化が生んだとも考えられる

デンマークの先進的な福祉政策や障害者政策から、デンマークにはインクルーシブ教育を育む土壌があると想像できる。一方で、これまで見てきたように、教育行政のシステムが変化したことで自ずと転換が図られていることも事実であると考える。行政単位が小規模化したことによって、通常教育と特別支援教育の両方が市の管理・運営体制となった。その結果として、特別支援学校の管理・運営体制も小規模化されたわけであるから、市を越えた特別支援学校間の連携が取りにくい側面が指摘された。また、障害の程度について、これまで特別支援学校が適当であると判断された子どもたちが国民学校に就学する一方で、適切な支援がなされずに、結局のところ、特別支援学校に転学する子どもの存在も指摘された。さらに、学校の運営予算に関する財源が一本化されたために、特別支援教育への十分な予算配分がなされない可能性も指摘された。

ここで、デンマークの「インクルーシブ教育」と本来の意味としてのインクルーシブ教育との相違点が浮かび上がる。デンマークでは、地方行政改革（行政規模の縮小化）に伴って「インクルーシブ教育」

への転換が自ずと進み、結果的に、特別支援教育の専門性の低下が見られた。一方で、本来のインクルーシブ教育とは「子どもたちがもつ個別のニーズを満たす教育システム」のはずである。このように見ると、デンマークの事例は、行政単位の縮小化と親和性が高い特徴をもつ「インクルーシブ教育」と言え、本来の意味でのインクルーシブ教育とは実情が異なると考える。本来のインクルーシブ教育が意味することについて、もう一度考えてみる必要がある。

## インクルーシブ教育の意味を再考する

インクルーシブ教育に至った歴史的変遷を考慮する際、統合教育との差異を明らかにしなければならない（注（4）を参照）。特別支援学級や特別支援学校における教育が「分離教育」と批判的に捉えられたことを踏まえ、障害の有無に関わらず教育環境を同じにする目的で「統合教育」の重要性が唱えられた。時代背景として大きな役割を果たしたのは、バンク－ミケルセンの「ノーマライゼーション」理念であったことは言うまでもない。しかし、統合教育は浸透しなかった。その原因は、「環境」の捉え方であろう。ノーマライゼーション理念は、障害者に対して「通常の生活条件を提供する」ことを目指した。しかし、統合教育の文脈で解釈された「通常の生活条件」とは、「通常学校（通常学級）」であった。これは、通常学校（通常学級）を「メインストリーム（mainstream）」と呼んでいることからも明らかである。そして、障害のある子どもたちが通常教育の環境に合わせることを「メインストリーミング

(mainstreaming)」と呼び、まさにこれが統合教育の考え方であろう。しかし、ノーマライゼーションが目指した「通常の生活条件」とは障害者も含めた生活環境の調整であり、障害者が定型発達者の生活条件に合わせれば良いわけではない。近年のインクルーシブ理念では、ノーマライゼーション理念を発展させ、障害者に合わせて環境を調整することの必要性を指摘している。したがって、インクルーシブ教育が目指すべき教育環境とは、障害のある子どもたちも障害のない子どもたちと同様の生活条件を得るために、障害のある子どもたちへの配慮や環境調整(17)を行うことである。

しかし、デンマークの「インクルーシブ教育」の先行事例を見ると(すべての市を調査したわけではないが)、特別支援学級や特別支援学校の規模を縮小化し(縮小化の方向に進み)、国民学校での通常教育に統合させようとしているように感じる。行政単位の縮小化は、効率化を求める新自由主義的な発想から生まれていると推測できるが、機会均等や平等を求めるインクルーシブ教育は社会主義的な発想から生まれている。本来、両者は引きつけ合う関係ではないはずだが、財源の縮小化を前にして親和性をもってしまう問題がある。これが、デンマークの「インクルーシブ教育」の現状であろう。さらに発展すると、どのような「インクルーシブ教育」へと進むのか——私の推測でしかないが——「フル・インクルージョン」の可能性も推測できる。インクルーシブ教育を捉えるときには、「フル・インクルージョン」と「パーシャル・インクルージョン(18)」の考え方があるが、フル・インクルージョンを目指すことは特別支援教育を必要とする子どもたちをますます通常教育の環境から追いやることになりかねない。先に述べたインクルーシブ教育理念——個別の教育ニーズを満たす——を考慮すれば、デンマークの「インクルーシブ教育」は、逆の結果を招いている。「個々の教育ニーズは異なるのが当然で、それに応じて適切な教育環境を提供する」ことが本来のインクルーシブ教育が目指すべきことであり、その結果として、多様性を認めた社会の形成が実現する。この点は、日本の今後のインクルーシブ教育政策でも考慮すべき重要事項である。

## 障害のある子どもの教育環境を調整する——社会における障害理解の必要性

デンマークの「インクルーシブ教育」に対して批判的な考察を行った。そうは言っても、デンマークの文化が多様性を認め合えるような環境を構築しているのは事実であろう。つまり、デンマークの「インクルーシブ教育」を考える際に、現状では教育環境に課題が見られるとは言っても、社会における障害理解は日本よりも先進的であるのが現状である。社会の障害理解があるのだから、将来的には教育環境の調整も期待できるかもしれない。一方の日本は、どうだろうか。教育環境はおろか、社会における障害理解も十分でない。

国際連合が採択した「障害者の権利に関する条約」に関連して、日本については署名から批准までの期間が長いことからも、国内の障害者政策への意識や法整備の遅れがうかがえる。条約批准に関連して、「障害を理由とする差別の解消の推進に関する法律（障害者差別解消法）」が平成二八年四月から施行されており、「不当な差別的取扱いの禁止」と「合理的配慮の提供」が大きな柱である。このように、日本国内において様々な法整備がなされたとは言え、それを実行する社会の人々の障害理解は進んでいないと考える。法を整備することで人々の意識や行動が変容することを期待したいが、一方で、法の整備だけが先行して人々の意識や行動が追いついていないのが日本の現状であると感じる。ICFの「環境因子」には「社会的障壁」が障害の原因として含まれるが、その中には「心理的障壁」も考慮されるべきであろう。いくら社会的障壁の除去（環境構築）を唱えても、それを実践する社会一般において心理的障壁が存在すれば、それは障害を生み出す原因となる。この状況でインクルーシブ教育の政策を取り入れても、統合教育の後追いになる可能性も懸念される。インクルーシブ教育が目指す多様性とは、社会における障害理解の結果として生じるものであり、先行事例を真似れば完了するものではない。まずは、日本における社会の障害理解の促進が必須である。その上で、日本の現状に即したインクルーシブ教育システムの構築が求められると考える。

第三章　注

（1）WHOが一九八〇年に提唱したICIDH（International Classification of Impairments, Disabilities, and Handicaps）では、障害の定義として、「疾患」が「機能・形態障害」、「能力障害」、「社会的不利」の三つのレベルから成る階層性を想定した。この階層では、三つのレベルは一方向に生じるとされており、何より、障害者の疾患そのものが障害の定義として用いられていた。ＩＣＦでは、三つのレベルが「心身機能・身体構造」、「活動」、「参加」と修正され、双方向で生じる可能性を想定している。さらに、それらが生じる要因として「個人因子」と「環境因子」を想定していることが大きな修正点である。つまり、障害者の疾患のみで障害の状態が生じているわけではなく、それを受容できる社会システムが構築されていない（社会的障壁の存在）ために障害が生じるとしている。逆に言えば、個人因子としての疾患があっても社会的障壁を除去できれば社会参加は可能になると考えられる。疾患へのアプローチを重視する「医学モデル」と社会的障壁の除去を重視する「社会モデル」があるが、両者はともに必要なモデルであり、ＩＣＦはそれらを統合させた考え方と呼ぶことができる。

（2）序章でも述べられたように、デンマークの教育法にあたる「国民学校法（Folkeskoleloven）」では、specialskole と表記がある。直訳すれば「特別教育」とすべきかもしれないが、本章では日本との比較が主眼にあるため、日本の表記同様に「特別支援教育」とする。先行研究（例えば、是永、二〇一三）を参照すると、特別教育と訳しているものもある。

（3）デンマークについては、同条約への署名が二〇〇七年三月、批准が二〇〇九年七月であった。日本については、同条約への署名が二〇〇七年九月、批准が二〇一四年一月（同年二月に国内で発効）であった。

（4）障害児教育に関する考え方として、一般的には、その歴史的変遷から「分離教育」、「統合教育」、「インクルーシブ教育」が取り上げられる。分離教育は、障害の有無によって子どもを分けた上で、特別支援学校や特別支援学級において通常学級と分離して教育を実施する考え方である。障害のある子どもを通常学級から分離あるいは隔離しているという観点から、分離教育として批判的に呼ばれることがある。「統合教育」は障害のある児童と障害のない児童を通常学級に統合する考え方であり、背景にはノーマライゼーション理念の影響を強く受けているものである。理念として、通常教育（メインストリームと呼ばれる）に障害児教育を合流させる（メインストリーミングと呼ばれる）という考え方である。つまり、通常教育と障害児教育で分離している教育環境を一つにまとめる考え方と言える。「インクルーシブ教育」は既述の通り、障害の有無に関わらずともに学ぶ仕組みであり、インクルーシブ理念が背景にある。インクルーシブ教育では、子どもたちを最初から分けずに、すべての子どもたちを包み込む（include）教育システムを構築することを目指している。そもそも障害の有無によって子どもたちを分けないという観点が、統合教育とは異なるものである。また、統合教育では障害児教育が通常教育に合流するという考え方であったが、インクルーシブ教育では、環境調整を行った上で通常教育にも障害児教育との合流を図るように指摘している点も統合教育とは異なる考え方である。

（5）ペダゴー（pædagog）とは、主に生活習慣を担当する指導員のことである。特別支援学校では、教師と協働して子どもたちの生活自立を支援してきた。国民学校法の改正以前は特別な支援が必要な子どもに対して放課後支援を行っていたが、改正後は授業中の学習支援も行うように変化している。

（6）「国民学校法」の第二一条では、特別支援教育の実施について、市ではなくレギオン（市よりも大きな行政単位）が相当と判断した場合は、レギオンがそれを担うことも明記されている。財政面での課題について、小さい単位で実施できるのか、結局は、レギオンなどの大きい単位で実施する必要があるのか、についての議論は今後の課題であろう。

（7）本調査の一部は、髙橋・谷・青木（二〇一六）にある。

（8）グラッサクセ（Gladsaxe）、ロドオア（Rødovre）、バレルップ（Ballerup）は、市の名称である。

（9）シュボー国民学校の調査に同行して通訳をしてくれた竹内紀子氏によると、この表現はデンマーク語で「smørhul（直訳は、バターの穴）」と教えてくれた。「バターの穴」とは、クリスマスに食べる米のおかゆの真ん中に穴を開けて、そこにバターをひとかけら入れ、シナモンと砂糖をその周りに振りかけて食べるところから由来するとのことで、バターが大変貴重だったためめったに食べられず、バターが「豊かさ」の象徴として考えられてきたとのことであった。そこから派生して、バターの穴とは「素敵な良い場所、安心できて居心地・住み心地の良い場所、楽しいことや素晴らしいことが起こる所、その場所にいたいという気持ちを起こさせる所」として考えられている。

（10）デンマークにおける後期中等教育の特長については、青木・谷・三浦（二〇一〇）に報告がある。それによると、九年生あるいは一〇年生までの教育を修了した卒業生が高校へ進学する際には、高校へそのまま進学する場合、あるいは上級学校への準備教育の学校へ入学する場合がある。後者には、技術高校（ＨＴＸ）、商業高校（ＨＨＸ）、何かの専門性に特化しない大学進学の準備をする高校（ギムナジウム、ＳＴＸ）がある。カスパースコーレンでの調査では、進学についてギムナジウムとの回答があったため、大学進学に向けた準備教育の学校に進学する卒業生の割合が一〇～一五％であると推測できる。

（11）日本では、「学校教育法施行規則の改正（平成一八年）」により、平成一九年四月から特別支援教育が始まり、現在に至っている。特別支援教育の考え方として、それまでの特殊教育としての盲・聾・養護学校が一本化され、個別の教育ニーズに対応した教育へと変化した点にある。実情は「知的障害を主とした特別支援学校」や「肢体不自由を主とした特別支援学校」というように、各特別支援学校における障害の専門性は異なっているのが現状である。もちろん、ほとんどの特別支援学校では、単一障害（例：肢体不自由など）に加えて重複障害（例：知的障害をともなった肢体不自由など）への教育を展開しているが、すべての障害種に対応できる特別支援学校は、あまり存在しないだろう。これに関して、日本の特別支援教育における障害種の分類は、「学校教育法施行令」の第二二条の三の規定にある。

(12)「学校教育法の改正（平成一九年）」により、第七四条に特別支援学校のセンター的機能の役割について明示されている。

(13) 視覚障害を主とした特別支援学校の教員から聞いた内容である。もちろん、各都道府県の事情は様々だし、都市部と地方部の違いもあるだろう。

(14) ＰＰＲについての紹介は、例えば、三浦・谷・青木（二〇〇九）や大平（二〇一二）にある。ＰＰＲの心理カウンセラーは学校で支援や業務に貢献しており、特別支援教育の対象となり得る子どもたちにも必要な支援を提供している。グラッサクセ市のホームページを参考として表記しておく。http://www.gladsaxe.dk/kommunen/borger/familie-_boern_og_unge/stoette_til_familier-_boern_og_unge/stoette_til_boern_og_familier/paedagogisk-_psykologisk_raadgivning/ppr-psykologerne

(15) 障害の重症度の評価として、１～５の段階をとる（１が最も軽度の障害であり、５が最も重度の障害である）と説明があった。以前は、重症度３～５の子どもたちが特別支援学校に入学していたが、インクルーシブ教育政策への転換により、現在では重症度５の子どもたちだけが特別支援学校へ入学している現状がある。重症度４以下は国民学校へ通学していることになるが、実際は、重症度３と４の子どもたちが国民学校で困難を抱えていると指摘があった。国民学校における特別支援教育への困難がうかがえる。

(16) 日本の特別支援学校では、児童生徒の障害種により、医療的ケアの程度や頻度は異なる。病弱児を主とした特別支援学校では病院と連携しているため、医師や看護師に加え、作業療法士や理学療法士などの医療スタッフが必要であるし、対応もできているだろう。しかし、知的障害や肢体不自由を主とした特別支援学校においても、医療的ケアが必要になることがある。その内容としては、口腔内・鼻腔内の喀痰吸引、気管カニューレ内部の喀痰吸引、胃ろう又は腸ろうによる経管栄養、経鼻経管栄養などが挙げられる。平成二四年四月からは、「社会福祉士及び介護福祉士法」の改正により、一定の研修を受けた介護職員等（特別支援学校教員も含まれる）が勤務する登録事業者（特別支援学校も含まれる）でたんの吸引等を行えるようになった。そうは言っても、医療専門スタッフが配置されているわけではなく、障害の重度化・重複化にみるように医療的ケアを要する児童生徒の増加を考慮すれば、その対応は十分とは言えないのが現状である。

(17)この点については、障害学の観点から議論もあるので記しておく。現状の生活条件とは障害のない人々が作り上げたものであり、障害者には別の生活条件があるのも事実である。それは障害者の文化として、定型発達者の生活条件とは異にして構築されてきたという考え方であり、それにアイデンティティを感じる者も存在する(例えば、石川・長瀬(編著、一九九九)に紹介がある)。

(18)「障害者の権利に関する条約」には、「子どもたちの生活地域で初等中等教育の機会を受けられるように配慮しなければならない」がある。その解釈として、条約にもあるように「完全な包容(フル・インクルージョン)」からは「障害のある子どもも生活地域の通常学校」で学ぶとも解釈できる。一方で、そのための合理的配慮の必要性を考慮すれば、障害者差別解消法で明記された「過度な負担」になることも考慮しなければならない。もちろん、共生社会の実現のためにフル・インクルージョンの可能性を探る必要はあるかもしれないが、特別支援教育(特別支援学校および特別支援学級での学びを含めて)の可能性も用意し(フル・インクルージョンに対するパーシャル・インクルージョン)、子どもにとって必要な(あるいは、子どもが希望する)教育環境を生活地域で自由に選択できることの方が、多様性を認めた社会ではないだろうか。つまり、通常教育の内容も含めた特別支援教育の環境構築(環境変容)が必要である。通常教育を受けるための合理的配慮であれば、結局は通常教育がメインストリームとなり((4)を参照)、そこに多様性は存在しないだろう。

第四章

# デンマークの森の幼稚園

## 第一節　森の幼稚園

### デンマークの森の幼稚園

森の幼稚園(1)はデンマークが発祥と言われ、ドイツ、スウェーデンで広がり、現在では日本や韓国(2)へも広がりをみせている。一九七〇年代初頭に「子どもたちを自然の中で育てたい」と願うグラッサクセ(Gladsaxe)市の保護者数名が近郊の森に連れて行ったのが始まりと言われている[3]。その後、自治体の管轄下で運営されることが許可され、公立保育施設の一つとして急速にデンマーク全土に広がった。デンマークでは公立の森の幼稚園が多く、私立であっても自治体からの助成金は公立の園とほとんど同額である。その保育スタイルは、森を園庭として捉え一日中戸外で保育を行う園、バスで送迎しながら森へ移動する園、隣接する森や自然公園を活用して一日の大半を過ごす園など様々である。また、保育環境に関しても、充実した園舎を有する園もあれば、一時的な避難場所程度の建物を森の中に設けている園、雨風をしのぐ程度の東屋を持つ園など多様である。二〇一〇年から筆者が視察訪問をくり返しているステンリュース森の幼稚園は、園舎を持たず手作りのベンチや雨よけがあるだけである。子どもたちは森のいたる所で木登りに興じ、ナイフを使いこなして小枝を削って笛を作り、葉っぱや枝を集めて昼寝をするなど、森の中でのびのびと過ごしている。このように、一言で森の幼稚園といっても、デンマークでは実に多様なスタイルで自然と関わりながら保育が営まれていることが見えてきた。

## 日本の森のようちえん

一方、日本では一九八〇年代から急速に都市化が進行し、田畑や空き地が姿を消したことから、それまで当たり前に行われていた外遊びや子どもの居場所もまた変容している。近年では、人工的な公園が作られ、自然と触れ合うことは非日常的な体験活動として認知されるようになってきた。さらに少子化や子ども向けのテレビ・ゲームの普及に加え習い事が隆盛化し、自然発生的に集まって遊んでいた子どもたちの姿も塾やスポーツクラブへ通う姿へと変化した。このような子どもを取り巻く環境を危惧しながら活動している野外活動家や森との関わりを保育に取り入れている保育者、自然の中で子育てを行う自主保育の関係者らが、森のようちえんの普及・啓蒙を目的として、二〇〇五年に森のようちえん全国交流フォーラム[4]が宮城で初めて開催されることとなった。このフォーラムでは、子どもの主体性を大切にしながら自然の中あるいは自然を活用して子育てを行うこと、乳幼児の自然体験活動等を包括して「森のようちえん」と呼び、普及・啓発することが確認された。「ようちえん」という平仮名表記に関しては、学校教育法による幼稚園との混同を避けると同時に、保育園・こども園・託児所・学童保育・子育て支援事業や自然学校なども含める柔軟性を保持するねらいをもっている。

国土の約七割を森林に囲まれている日本は、敷地内に森を有する幼稚園や保育園が多数存在し、今もなお里山にある園では田畑が子どもの遊び場となっている。加えて、週末のみ実践する野外保育や月一回のキャンプ活動なども森のようちえんと総称することから、今村[5]が指摘するように何をもって「森のようちえん」とするかの議論や検証は未だわが国において十分に行われているとは言えないのが現状である。また、過疎地域での町おこし事業やスポンサーの獲得により独自に発展させている側面もあるが、運営や設置基準等の制度的な問題、保護者や地域社会からの理解不足など課題も多い。

このような状況に対し、長野県では「信州型自然保育検討事業」[6]、鳥取県では「とっとり森・里山等自然保育認証制度」[7]を創設するなど、先駆的な行政の取り組みもみられるようになった。こうした取り組みは、一向に打開策が見えない待機児童の問題や多様化する保護者のニーズへの対応策となり得る可能性を含んでいる。日本において、今後ますます森のようちえんが普及・発展し、デンマークやドイツのように一般化していけるのか、期待を込めて注意深く見守っていきたい。

## 第二節　森の幼稚園の実際

### ステンリュース森の幼稚園（Stenløse Private Skovbørnehaven）

ステンリュース森の幼稚園は、ロスキレ（Roskilde）市から車で四〇分ほど走った先にある四〇年以上の歴史をもつ園である。定員は二八名で、入園待ちが出るほど人気の高い園である。同園園長のキャロット（Charlotte Jensen）氏の語りから保育実践の特徴を紹介する。この森の幼稚園の理念は、「自然を通して総体的に人間性を育むこと」である。このような理念に基づいて保育を営むために現在五名の保育者(8)が在籍している。子どもたちが集まる七時～九時と保護者が迎えに来る一五時～一七時までは、連携するステンリュースプライベートスクール（Stenløse Private Skole）の敷地の一角で過ごし、それ以外はバスで森へ移動して保育活動を行っている。二〇一〇年の訪問時は、ほとんどの森の幼稚園が公立であると聞いていたが、ここ数年は独立法人化する園が増えているという。ステンリュース森の幼稚園もまた二〇一二年に独立法人化している。このことで自治体から支払われる補助金(9)への影響はないが、運営のメリットとして活動内容を以前より柔軟に決定することができるようになったという。当然、保育はナショナルカリキュラム(10)に基づいて展開されるが、カリキュラムを実践する場所やツールが森の中での活動になるということである。

日々の子どもたちの姿は、精神的に落ち着いており、騒がしい時もあるが心身ともに安定感があるという。例えば、長い枝を持ち歩いている子どもは、ただ棒を持って歩いているだけに見えても、バランスを保つためにはどうしたら良いか、人にぶつからないように運ぶにはどうしたら良いかなど、常に判断し考えながら行動している。確かに森の中では不安定な場所や物にあふれ、何気ない小さなことでも常に選択や判断が求められるものである。その中で、冷静さや判断力が育まれ、さらには創造力を発揮することが安定感につながっていくのである。

4-1　園長のキャロット氏

## ステンリュースの保育計画と行事

　次に保育計画や行事に関して、どのような内容で行われているのかみていきたい。年間行事の中で、小枝で武器を作ったり鳥の羽やフェイスペイントを施して過ごすインディアンデイやクリスマスなど毎年の恒例行事は決まっており、二週間程度の予定表は作成するが日案はないという。訪問時に実施されていた木の笛作りも男性保育者のアイデアであり、木登りや造形、運動などはそれぞれのスタッフが得意としていることを実践につなげている。ナショナルカリキュラムの中では、社会的発達が大切にされており、特にこの園では言葉の発達が重視されているという。保育実践の場で子どもたちが単語を理解し使っていく中で、自分を表現するために必要な力を獲得することができると認識されている。

　このステンリュースの保育計画や保育内容については、周到に準備しながら計画通りに保育内容を実践することが当たり前の日本の保育者にとっては、違和感を覚えるかもしれない。しかし、同じ森でも季節やその日の天候によって環境が異なるため、最善の保育内容や教材をその日の森の状態や子どもたちとの対話、あるいは子どもたちの興味・関心から汲みとって即興的に展開していくのである。

4-2　散策を開始して間もなく朽ちた倒木に出会い、観察する子どもたち

## ステンリュースの保育内容と子どもの姿

バスから降りた子どもたちは、一列に並んで歩き出す。途中、倒木をひっくり返し何かを探している（4-2）。昆虫がいても大騒ぎすることなく、じっと観察している様子は確かに落ち着いていて安定感を感じる。三〇分ほど森の中を進んでいくと、普段子どもたちが遊ぶ広場に到着する。数名の子どもが何度もくり返し薪を拾い集めたところで、焚き火を囲んでのランチタイムがはじまる。

食べ終わった子どもは、次々に森の中へ飛び込んでいき、木の根っこにぶら下がり、登る（4-3）ことをくり返し楽しんでいる。自分のペースでゆっくり行動する子どもたちは、焚き火の前で時間をかけてデザートを堪能している。また、男性保育者が小枝で笛作りをはじめると、数人の子どもが寄ってきて、のこぎりで小枝を切りはじめ

4-3　まるでジャングルジムのような木の根っこを登ったりぶら下がったりする子どもたち

る。自分の手で作り上げた笛で嬉しそうに演奏する姿は、日本でもよく目にする光景である。

4-4は、三月の森の中の子どもたちの様子であり、気温は氷点下になることも珍しくない。それでもステンリュース森の幼稚園の子どもたちは、一日中森で過ごしているのである。このような過酷な自然に身を置くために、外遊びの服装はしっかりしている。顎まで覆う帽子、厚手の防寒着に防寒靴、丈夫なリュックに手袋といった本格的な防寒具を誰もが身につけている。このような防寒対策のおかげで、子どもたちは寒さの中でも嬉々として森の中を歩いて行く。ゆっくりと周りや足元を見ながら歩く、先を急ごうとする、保育者と手をつないで会話を楽しみながら歩く、木の棒を拾って杖にするなど、保育理念が「自然を通して総体的に人間性を育むこと」であると先に述べた

4-4　先頭を行く子どもたち分かれ道でしっかりと待っていた

が、森の中の歩み一つとっても子ども一人ひとりの人間性を尊重しているということが理解できる。さて、一人ひとり違った楽しみ方で歩を進める子どもたちの列は次第に長くなり、先頭の子どもは先の分かれ道にある岩の上で遊んで待つ。これは、「分かれ道では待つ」という森の中でのルールであり、子どもたちは誰に言われるでもなく、そのルールを守っていたのである。こうした森の中で安全に過ごすための大切なルールや習慣が、年長児から年少児へと伝わり、体験を通して学んでいることが良くわかる。このように保育者が主導して保育を進める場面は、朝の集まりと絵本の読み聞かせの場面以外にはほとんど見られない。子ども一人ひとりが自らの興味・関心に添って一日を過ごす時間が保証されているのである。

　ところで、この園に限らず多くの森の幼稚園では、子どもたちがナイフを使う姿をよく目にする。日本の保育の視点で見ていくと、「危ないのでは?」と感じるものだが、ナイフを使えるようになるまでには、ピーラーを使用して練習するなど段階的に取り組めるような配慮がなされている。そのため大きなケガはほとんどないということである。

森の中で数時間過ごした後、子どもたちは二つのグループに分かれて保育者の話を聞き、おやつを食べ始めた。各々が持参したおやつを食べていくが、このおやつはいわゆる菓子だけではなく、生のニンジンやキュウリといった野菜もおやつとして扱っている。おやつ一つとっても日本との概念の違いが見えてくる。食べ終えると「ごちそうさまでした」の挨拶はなく、子どもたちのペースで遊びが再開される。大きな木の枝をまるで掃除機のように押しながら進む姿、木登りに必死になる姿、木の枝につるしたブランコを楽しむ姿、楽器に見立てた枝を叩いて演奏を楽しむ姿、倒木を綱渡りのように渡ろうと挑戦する姿、のんびりと会話を楽しむ姿、切株をジャンプして渡る姿、木の根っこを枕代わりに昼寝をする姿(4-5)など、冬の森からも一人ひとり異なる遊びに興じ、それぞれ面白いと感じるところが違っていることが伝わってくる。

当然、森の中に滑り台やジャングルジムなどの人工的な遊具はないのだが、身の回りにある物を何かに見立てて遊ぶための工夫や想像力、挑戦しようとする意欲、自分のやりたいことを自分で決定し、全身を使って遊ぶなど、自然が遊びを豊かに育む環境であり道具となっていることが良く理解できる。また、日本でよく目にするような保育者が子どもに遊びを促したり、遊びを率先する場面はほとんど見ら

4-5　根っこで昼寝を楽しむ子どもの姿

れない。このことは、森の幼稚園に限ったことではなく、デンマークの大人が子どもを一人の人間として尊重し、子どもに寄り添っているからこその姿勢である。保育者は、見守ることの「大切さ」と「むずかしさ」を理解した上で、この姿勢を貫いているのである。このような関わりが、子どもの自尊感情を育み、自然環境を最大限に活用しながら保育を実践するための鍵となっていることが見えてくる。

## スコウボ森の幼稚園（Skovbo Skovbørnehaven）

スコウボ森の幼稚園は、コペンハーゲンから電車とバスを乗り継いで約一時間の場所に位置する園である。一九九四年四月、同地域の国民学校に勤めていた教員が退職し、自然の活動を大切にした保育を目指して独立法人で始めた森の幼稚園である。開園当時は一四名の子どもでスタートし、保育時間は四時間であった。開園後半年ほどで保育内容が評価され、在園児数は二二名となったことから保育者数も四名に増員された。その後、自治体から許可を得て公立園となる。二〇一二年にまた独立法人化し、現在は直接保護者が本園に申請をして入園する仕組みになっている。二〇一六年現在は、定員二八名に対し保育者は五名充てられている。保育料は一ヶ月二〇〇〇デンマーククローナ（約三二〇〇〇円）であり、子ども一人に対して月額五〇〇〇デンマーククローナ（約八万円）が自治体から助成される。助成額は公立も私立も同額である。また、企業や地元有志からの寄付金も運営資金に充てられているという。独立法人ということで保護者会の代表三名からなる理事会が経理・雇用・教育等の枠組みの全責任を負っている。

園の年間行事や計画は、六月はバーベキューの日、八月はワーキングデイ、九月は祖父母の日、一二月はクリスマスの準備など季節によって大まかな枠はあるものの、細かい計画表は存在しない。保育計画の中では、聞く力、自分を表現する力が大切にされている。子どもの話をよく聞き、対話を重ねていくことが対話の力を育むと考えられている。また、特にセルヴェア（selvværd）[11]という自分自身の価値を理解することが、保育の中で特に大切にされている。本園では、子どもの行為を否定することはあっても、子ども自身を否定することはないと主任のロバート（Robert Grandahl）氏は言う。喧嘩があってもその行為を考えさせ、相手との対話を重ねていけるように援助する。そうすることで、子どもは自己を否定することなく、自分自身の価値や相手の価値を理解していくのである。すなわちセルヴェアが育

4-6　主任のロバート氏からセルヴェアについて説明を受けた

まれていくのである。

保育環境としては、園から歩いて一〇分ほどの所に広大な自然公園があり、ほぼ毎日この公園の自然環境を活用して保育を実践している。公園内には鹿が生息し、訪問した日も数一〇頭の鹿に遭遇したが子どもたちにとっては珍しいことではなく、普段通り自分の遊びたいことを選択して遊んでいた（4-7）。このように隣接する自然公園を保育環境として最大限に活用している実践は、日本の保育現場においても参考になり得る事例といえよう。

保育内容に関しては、二週間に一度のペースで音楽家が来園して演奏することもある。運動に関しては木登りやかけっこ、ボール遊び（視察時はバスケットボール）を実践している。言葉の発達は、保育の中で韻を踏むなど言葉遊びを取り入れるようにしている。机に座って絵を描くこともある。このように多様な保育内容が展開されているが、事前に決められた詳細な保育計画通りに進めるわけではなく、最善のタイミングと内容を見計らって、柔軟に実践を発展させていることが印象的である。

4-7　園から歩いて10分ほどで広大な自然公園に到着
お気に入りの場所で遊ぶ子どもたちの様子

また、国民学校0学年（六歳）のペダゴーと密接にコミュニケーションをとり、卒園後の様子を把握するようにしているという。0学年のペダゴーからの子どもたちの評価は概ね高く、興味・関心や挑戦しようとする意欲が高く、聞く力があり、コミュニケーションがよく取れると評価されているとのことで、ロバート氏の表情にも自信がうかがえた。

今回取り上げたデンマークの森の幼稚園のスタイルや価値観をそのまま日本で実践したり、一般化していくことは、様々な面からも困難かもしれない。しかし、自然環境を最大限に生かした保育を展開することで見えてくる子どもの姿や保育者の子ども観は、これから保育者を目指す日本の学生や現場の保育者にとって、大いに参考になるのではないかと期待している。

第三節　保育の中の対話

## 子ども観と保育実践

デンマークの地に初めて降り立った二〇一〇年の春。この時からほぼ毎年北欧を訪れ、その度に耳にするのが、「子どもに話すのではなく、子どもと話す」という保育者の姿勢である。文字にすれば、「に」と「と」、たった一文字の違いということになるが、意味の上では大きな差が生じる。保育者に限らず、教育者として子どもと大人の関係性を学び、実践する者にとって、この視点は当たり前のことといえよう。しかし、わが国の保育実践を振り返ると、「子どもと話す」という実践が、どうにもむずかしいものになる。このむずかしさは、どこから来るのだろうか。

子ども「と」話す姿勢を考えるとき、大人が子どもをどう見るか、すなわち大人がもつ子ども観がどのようなものか、ということが重要になる。子どもも大人も対等という子ども観をもたない限り、子ど

4-8 「今日は何をする？」——一日の活動や遊ぶ場所を決める場面に参加する子どもたち（スコウボの子どもたち）

も「に」ではなく、子ども「と」話すことはむずかしいものである。見守りながら待ち、信頼し、判断を子どもに委ねる、という保育者の姿勢は、デンマークの森の幼稚園の中に多く見ることができる。例えば、その日何をして遊ぶか、子どもと保育者がじっくり話し合い、決定する。その決定に子どもは参加し、自分で決めたこととして受け止めていく。当然、話し合いには時間を要し、混迷を極めることも多いという。にもかかわらず、対話を重ねる保育実践が実現する背景には、子どもも大人となんら変わらない対等な存在であるという認識がすべての保育者、社会全体で共有されているからではないだろうか。

一方、わが国の保育実践はどうだろうか。保育計画に書き尽くせぬ複雑な保育の営みに向き

4-9　自分で決めた活動に取り組む姿は真剣（ステンリュースの子どもたち）

合い、省察をくり返す保育者たち。多くの日本の保育者は、実に細やかな気遣いと配慮をもって子どもに関わっている。しかしながら、子どもを自分たち大人と対等な存在としてみているだろうか？　二〇〇四年、「子どもの声を国連に届ける会」（ＤＣＩ日本支部[12]）が出した総論の中で、「このままでは（わが国で）子ども期を奪う連鎖が続いてしまう」と警鐘を鳴らしている。急がされる日々を過ごし、子ども時代を奪われる子どもたちと、じっくり対話を重ねて子ども時代を大切にされる子どもたち。子どもをどうみるか、子どもと大人の関係性について真剣に考えることが喫緊の課題であることを、デンマークの保育者たちを目の当たりにするたびに痛感する。

近代デンマークの教育制度のあり方に大きな

影響を与えたコル（Christen Kold 1816-1870）[13]は、子どもは教師との対話によって自己の位置づけを自覚し、自分の視野を得ることができるようになるべきであるとの考えを示している。[14]対話を重視したこの考えは、コルが没して一五〇年を経た現在、森の幼稚園の保育実践の中で非常に重要な視点として実現されている。コルはまた、『子どもの学校論』[15]の中で、デンマーク国民が真に自由で自立した力のある国民になるためには、「発展を阻害する心の狭さ、利己的なもの、抑圧するものからの解放」[16]が必要であり、そうすることで教育の制度やあり方が大きく進展するだろうと述べている。その結果望まれるのは、教育の場での子どもたちは、他のどこにいる時よりも幸福で自由でなければならないということである。森の幼稚園で目にした子どもたちは、広大な敷地の中で、数えきれない教材に囲まれながら自分で見つけた遊びに夢中になる。時に厳しく迫ってくる寒さや風雨、有毒植物や危険な昆虫などの自然の過酷さと、穏やかな日差しや木の葉、木の実といった自然の恵みに触れながら畏敬の念を感じていく。過度の制約のない日常の中で、見守られながら遊びこむ。このような姿を目にすると、コルが真に自由で自立した市民の条件として提示した「心の狭さ、利己的なもの、抑圧するものからの解放」が、森の幼稚園の実践につながっているということを見出すことができる。

# おわりに

デンマークでは、森の幼稚園が他の保育施設と同等に扱われ、保育の選択肢の一つと捉えられている。実際に森の幼稚園に足を運ぶと、何か特別な実践をしているということはなく、とてもシンプルで自然の理にかなった保育であることが理解できる。そして、森の中の子どもたちの周りには、ゆったりした時間が流れている。鳥のさえずりや緑の香り、焚き火の匂いに過酷な寒さ、そういった森の刺激に心を揺さぶられながら自然を先生として過ごす子ども時代。様々な場面に参加し、判断を求められる子どもたちの周りには、優しく対等な眼差しで見守る大人が寄り添う。大人だからといって、大切なことをすべて教えられるわけではない、だからこそ自然の力を借りるのだ。力強く語る保育者の言葉に、森の幼稚園の理念が込められていた。

第四章　注

（1）デンマークの就学前教育は、日本のように幼稚園は文科省、保育園は厚労省、認定こども園は内閣府といった区別はなく、子どもの庭（Børnehave）と呼ばれ社会省の管轄である。本稿では日本でも普及し馴染みのある「森の幼稚園」で統一する。

（2）韓国では、二〇一四年のＯＥＣＤ調査で明らかになった世界ワーストワンの青少年幸福率と自殺率という事態から、幼児教育関連法案においても、毎日一時間は自然環境のもとでの保育を義務づけるなどの改革が行われている（杉山浩之「森のようちえんの現状と課題―デンマーク・ドイツ・スイス・韓国における事例を中心にして」『広島文教女子大学紀要』五〇、二〇一五年）。

（3）デンマークにおける森のようちえんの発祥に関しては、一九五〇年代とする報告もあるが本稿においては、下記文献より一九七〇年代初頭とした（澤渡夏代ブラント『デンマークの子育て・人育ち―「人が資源」の福祉社会』大月書店、二〇〇五年）。

（4）二〇〇七年に発足した森のようちえん全国ネットワーク（任意団体）は、「緩やかなネットワーク作り」に加え、「森のようちえんの質の担保」と「社会と現場のつなぎ役」という役割を担うため二〇一六年から法人化を進め、二〇一七年四月に「ＮＰＯ法人森のようちえん全国ネットワーク連盟」を設立。http://morinoyouchien.org/（最終確認日、二〇一七年四月一日）

（5）今村光章「森のようちえんとは何か―用語『森のようちえん』の検討と日本への紹介をめぐって」『環境教育』VOL二一－一、二〇一一年。

（6）長野県ホームページには次のように記載されている。「長野県では、子どもの自己肯定感の向上に効果があるとされる森のようちえん等の自然保育を、戦略的な保育および幼児教育資源として活用し、豊かな子育て環境の整備を通じて子育てにおける保護者のストレス軽減を図り、さらに子育ての楽しさを実感していただくことで、少子化傾向の改善に取り組みます。」http://www.pref.nagano.lg.jp/jisedai/kyoiku/kodomo/shisaku/morino_yochien.html（最終確認日、二〇一七年四月一日）

（7）鳥取県ホームページには次のように記載されている。「鳥取県では、本県の恵まれた自然のフィールドを活用して保育を行う園を〝自然保育を行う園〟として認証し、それに基づき運営費の補助を行う『とっとり森・里山等自然保育認証制度』を創設。」http://www.pref.tottori.lg.jp/239563.htm　（最終確認日、二〇一七年四月一日）

（8）保育を担うのは、ペダゴー（Pædagog）と言われる三年半の教育を受けた保育者であり、その他に専門教育を受けていない助手が数名、実習生や非常勤スタッフなどで運営されている。ペダゴーとは、保育施設、国民学校0学年クラス、学童保育施設、青少年余暇センター、社会福祉施設など多岐にわたる場において、子どもから成人の多様なニーズに対応し、円滑に社会生活を送ることができるよう支援する専門職である。

（9）保護者の負担する保育料は、自治体によって異なるが、概ね保育施設の運営経費の最大二五％までとなっており、残りは自治体が援助することになっている。三歳までは概ね二七〇〇クローナ（四三二〇〇円）で、三歳から六歳までは一七〇〇クローナ（二七二〇〇円）が一般的である。年収によって自治体に保育料の援助を申請することができ、第二子からの保育料を自治体が五〇％を援助するなど、資金面での子育て支援体制がととのっているのも特徴である（青江知子・大野睦子ビャーソゥー『個を大切にするデンマークの保育―パピロン総合保育園から学ぶ』山陽新聞出版センター、二〇一〇年）。

（10）デンマークのナショナルカリキュラムにおいても、日本の五領域に似たテーマが設定されている。子どもの全面的な人間形成・個の確立、自然と自然の現象、体と動き、言葉、人間関係・社会能力、文化的表現方法と価値の六項目である。

（11）櫻谷（二〇一五）は、selværd（セルヴェア）は「私は存在価値がある」「生まれてきてよかった」と自分の存在を肯定する感覚としている（櫻谷眞理子「個を大切にするデンマークの保育に学ぶ―自立性と自己決定を重視した実践」『立命館産業社会論集』第五一巻第一号、二〇一五年）。

（12）「子どもの声を国連に届ける会　総論」『子どもの権利モニター No. 102』DCI日本支部、二〇一〇年。

（13）師範学校卒業後、代用教員などをしながら、試験のない自由な学校（フォルケ・フォイスコーレ）をつくり、近代デンマークの教育のあり方に影響を与えた。

（14）クリステン・コル著、清水満訳『コルの「子どもの学校論」―デンマークのオルタナティブ教育の創始者』新評論、二〇〇七年、一三九頁。

（15）一八五〇年に執筆される。本文は、子どもの教育に関する論文コンクールに投稿されたが評価されず、彼の没後に評価され刊行された。

(16)(14)と同じ。

第五章

# 若者の進路選択の支援

第一節

## 若者教育ガイダンスセンターとは

デンマークの国民学校を初めて訪問した二〇〇六年、学校には子どものキャリアガイダンスを担当するカウンセラー（vejleder）がいることを知った。vejleder の vej は英語の way に相当し、道筋をガイドする役と言った意味になる。本書ではカウンセラーと表記する。ただし、デンマークのカウンセラーは、日本のスクールカウンセラーとは異なり、人間関係、家族との関係といった心理的な悩みを扱うわけではなく、ほぼ、キャリアガイダンスに特化されている。二〇〇六年当時出会ったカウンセラーたちは元々国民学校の教師で、希望してカウンセラーとなるための訓練を受けてガイダンスの仕事をしていた。その中のひとり、ロスキレ市のヒメレブ国民学校のボディル・ボゲルベイン先生(1)の場合、一九七六年までは教科指導担当とカウンセラーを兼ねていたがそのどちらかに専念するよう求められ、以来カウンセラーの仕事に専念しているとのことだった。また、ボディルさんがガイダンスの仕事を始めたころはすべての生徒がガイダンスを受けるわけではなく、希望者が受けていたが、やがて一定の学年以上のすべての生徒がカウンセラーとの面接を受け、キャリアについて考える機会をもつようになった。

その後デンマークの教育の仕組みを調査するなかでわかったのは、デンマークでは子どものキャリアガイダンスに関する大幅な改革が行われており、二〇〇六年当時すでにその改革がスタートしていたということである。

二〇〇四年にガイダンスに関わる法律の改正が行われた。ガイダンスを強化する方法として、各学校に所属していたそれまでのカウンセラーと異なり、ガイダンスセンターを設けてカウンセラーをそこに集中配属させ、センターから担当学校へカウンセラーを派遣する方式に変えたのである。もうひとつの変化は、カウンセラーのさらなる質保証であり、カウンセラーのライセンス取得には学士レベルのディプロマが必要となった。つまり教員が夏季休業中などに集中的に研修を受けてカウンセラーの資格を得ていたのを大きく変えて、カウンセラーになるために大学で専門的に学ぶことを義務化したのである。

法改正によりガイダンスに対応する二種類のセンターが設けられることとなった。ひとつは、若者教育ガイダンスセンター（Ungdomens Uddannelsesvejledning Centre デンマークではUUと略される。英語訳ではYouth Guidance Centre。以下ガイダンスセンターと略記する）で、主に義務教育から青年期教育への移行を受け持ち、二〇一六年一〇月三日現在、五六ヶ所に配置されている。ガイダンスの対象は二五歳までのすべての若者である。もうひとつは、全国七ヶ所に設けられた、研究選択センター（Studievalg 英語訳ではRegional Guidance Centre）で、青年期教育（後期中等教育）から高等教育への移行を扱う。

## 第二節　若者教育ガイダンスセンター設立の経緯と目的

二〇〇八年九月に教育省専門相談役のヨアン・ブロック（Jørgen Brock）氏にガイダンスシステムに

ついてのインタビューを行ったので(2)、それに基づいて、ガイダンスシステム改革とそれに伴うガイダンスセンター設立について述べることにしたい。

### ガイダンスシステム改革の目的

ガイダンスシステム改革の目的は何よりも、カウンセラーの資質向上であった。先に述べたように二〇〇四年以前のガイダンスカウンセラーは国民学校に所属しており、多くの場合その学校の教師が訓練を受けてカウンセラーとなり、教科指導を兼任していた。二〇〇四年の改革ではカウンセラーを所属の学校から切り離し、ガイダンスセンターに集め、ガイダンスカウンセリングに特化した活動に専念させた。また、カウンセラーの資格のレベルアップを図り、継続的な研修を義務づけた。ブロック氏は、以前の、地域の学校に所属したカウンセラーの方が、生徒たちとより親密に知り合える点がよい、とする意見もあるが、教育省のガイダンスシステム構築で重視していることは、どんなガイダンスのストラテジーを用いたらよいかを的確に判断することであり、そのためにはより高い訓練を経て、ガイダンスに特化した専門家がより適切であると考えていると語った。

### ガイダンスの一貫性、継続性

ガイダンスは国民学校の六年生段階から始まり、すべての生徒がカウンセラーと進路選択について話し合う機会をもつ。国民学校を終えた後もガイダンスセンターのカウンセラーが、対象者が二五歳になるまで進路選択を見守っていく。国民学校修了時にすべての生徒に関して作成される教育計画と教育日誌 educational logbook が国民学校修了後ガイダンスセンターで保管される。教育日誌は随時更新され、当該の若者の現在の状況（学校、就労、学校にも所属しないし就労もしていない、など）が反映される。

こうしたすべての生徒についての教育日誌が管理されていることについて、コントロールしすぎではないかという議論もあるが、教育省としては若者に何かを強制する意図はもっておらず、若者自身の決定を支援するという考え方であるとブロック氏は語った。私たちが出会った若者からは以下のような考えを聴くことができた。(3) 二〇〇八年九月のインタビュー調査で、国民学校修了後一〇年生学校に通っている女子学生シッセ・キュスタ・オルセン（Sisse Kyster Olsen）さんに「すべての人がガイダンスセンターでフォローされるシステムは、窮屈で管理されているという感じがしませんか」と尋ねたところ、彼女は即座に「そういう感じはしません」と答え、その理由として、「自分で教育プランを立てて、やってみて、できないときにガイダンスセンターで相談すると『あなたは何がしたいの』と聞いてくれる。管理されているという面もあるけれど、窮屈だとは思いません」と述べた。私はしつこくもさらに「ドロップアウトしたあげく何もしていない人に対しては、ガイダンスセンターのカウンセラーが家を訪問してアドバイスすることもあると聞いているが、それはお節介だとは思いませんか」とたたみかけたところシッセさんは「私たちはお節介だと思えば、お節介だと言える年齢です」と答えたのだった。

このあたりに、デンマークの若者の主体的なありようがあらわれている。

## 若者の失業率低下

教育省のブロック氏の説明に話を戻そう。そもそもガイダンスシステムを含む大規模な教育改革が着手されたのは、一九九三年当時の巨大なドロップアウト（同一年齢の二五％が後期中等教育を完了していない。何らかの職業的資格を取得できる教育を受けていない者が１／３いる）に驚愕した政府が、大改革の必要性を感じたことに始まるが、二〇〇八年時点でそのドロップアウト状況は改善し、若者の失業率は二％程度である。それがガイダンスシステムの改革の効果によるものか、というと、いちがいには言えず、何よりも一番の大きな要因はここ数年の非常な好景気であろう、とブロック氏は述べた。

## ゆっくり学ぶ伝統か、労働市場への参入促進か

とはいえ、九年もしくは一〇年の義務教育を終えて青年期教育に移行する時期にいったん入った学校をやめて別の学校に移ったり、就業してまた学校に入ったりといった、行ったり来たりはあり、おそらく義務教育修了者の一四％くらいが、青年期教育のなかでのドロップアウトの経験をもっていると思われる。

序章で述べられているように、スカンジナビアには、ギムナジウム（高等学校）修了後すぐに次の学

校に進学せず、アルバイトをしたり旅行をしたりするという、サバトーという伝統がある。これはひとつには、ギムナジウム卒業と同時に親の家を出て自立しようとする者が少なくなく、そのためにアルバイトでお金を貯める必要があるからであり、もうひとつには、ギムナジウムの厳しい勉強を終えた後、しばらく勉強から離れて休養したいという気持ちもあるからである。親たちは多くの場合、いったん就職した上で、よりよいポジションを得たくなったら大学に入ればいい、といった寛容な理解を示す。だが、ガイダンスセンターのカウンセラーは、政府の政治的目標に沿い、上級学校への進学の猶予をなるべく小さくするべく、働きかける。

## 教育に関する政治的な目標

現状では八〇%程度である後期中等教育修了者を、二〇一五年までに九五%に到達させる目標をデンマーク政府は掲げた。(4) したがって、全国四六ヶ所（二〇〇八年当時）のガイダンスセンターの当面の課題はより多くの若者を後期中等教育へとつなぎ、修了させることであり、もうひとつの到達目標は国民の五〇%が大学以上の上級学校を修了することであり、これに関しては全国七ヶ所の研究選択センターが取り組んでいる。

## 労働市場との双方向的関係

ガイダンスは、個人、社会の双方にとって資するべきものである。個人の関心を重視すると同時に、社会が必要とするより高い技能をもつ労働力は何か、その要請も考慮する。

デンマークの労働市場は極めて流動的である。毎年全体の二五％の企業・職が消え、新しいものに替わる。また、すべての労働人口の二五％が、転職を経験している。デンマークはフレキシキュリティ（flexicurity）社会である。雇用者側は経営の目標に応じていつでも労働者を解雇できる一方で、労働者側も安全に仕事を辞め転職することができる。解雇された労働者、あるいは自ら職を辞めた労働者は、失業期間の生活は福祉によって保障され、新たな仕事を見つけるための訓練を無償で受けることもできる。デンマークの転職の動機は、もっと自分に合った仕事、条件のよい仕事に就きたいというものであることが多く、転職時に給料や地位が下がることはない。

以上、ブロック氏の見解を紹介した。次に、ガイダンスシステム改革についての私なりの考えを述べることにしたい。

## ガイダンスシステムのセンター化

カウンセラーのセンター集中管理については批判はあることに、ブロック氏も言及している。私たちの出会った人たちのなかでも、コペンハーゲン西地区(5)の Det 10. Elemennt という一〇年生学校の副校長ジョン・クリスチャンセン（John Christiansen）[6]氏は、二〇〇八年にインタビューした際、コペンハーゲン西地区ガイダンスセンター（UU-Vestegnen）に、コペンハーゲン西地区がまとめられ、「カウンセラーを共有している」ことを、「好ましくない」と述べた。クリスチャンセン副校長自身、以前国民学校のカウンセラーだった経験を踏まえて、カウンセラーが常駐、専属であるため生徒は必要なときいつでも相談できたという点で、以前のシステムの方が優れていると思うと述べた。また、ガイダンスシステムの改革におけるセンター化が、ガイダンスカウンセラーの資質向上を目的としていることは理解し、そこにメリットがあるとは思うが、根本的な目標の一つであるドロップアウトする若者の数の低減に関しては、いまのシステムは効力を発揮していない、とも語っていた。

一方、コペンハーゲン西地区のガイダンスセンターに勤務するカウンセラーのベント・ストアゴー（Bent Storgaard）氏は二〇〇六年に行った調査[7]の際、センター化することでカウンセラーがコミュニティに属するものでなくなったことについて、「よいともいえ、よくないともいえ」る、と述べた。よいところとして専門家が一ヵ所に集まる機会が生まれて「情報、経験を交換し合う」ことができること、「コミュニティによる差」がなく、「すべての若者が必要に応じてカウンセリングという機会を受けられるようになった」ことを挙げる一方、「以前ほどは若い人たちに近いところで関わることがなくな」った、「以前はいわば日常生活のなかにいた。しかしいまは若者の日常生活のなかではなく、外側にい」ると述べてもいる。つまり支援する若者との距離感は以前より大きくなったということである。

一方、同じガイダンスセンターに所属する女性カウンセラー、アン・マリ・アイフォース（Ann Mari Aifforth）氏はストアゴー氏に同意しつつ、「日常生活から切り離されている分、地縁とは無関係に、純粋に専門家として仕事をする」ことができる点を評価していた。

センター化は単純に良いとも悪いともいえないようである。ブロック氏自身、センター化を中心とするガイダンスシステム改革の効果はまだ判断できない、今後も修正を重ねてよりよいシステムにする努力をしていく、と語っている。ただし、もう以前のシステムに後戻りすることはないと思われる。

## 企業・労働市場とガイダンスの関係

デンマークの職業教育機関では企業との契約関係を結び、生徒が企業の現場で就業しつつ訓練を受けることと学校での教育・訓練を受けること、その二つの方法が共存するシステム（デュアル・システム）をとっている。学校と生徒にとって有益な現場での訓練は、企業側にとっても、未熟ではあれ一定の労働力の供給源を抱えることができ、また宣伝効果も期待できる。このような学校が企業と連動しながら社会に必要な人材育成を行うというシステムのあり方は、労働市場とガイダンスの良好な関係を基礎としているといえるだろう。

## 二項対立をどう越えていくのか

ガイダンスシステムは個人の興味関心に沿った生き方の選択を支援するとともに、社会がその都度、必要とする人材を育成することも重要視する。個人、そして社会の双方にとって幸福な教育・職業・生き方の選択を支援するというわけである。私たちのデンマークへの関心を呼び起こした最初の訪問のコーディネートを担当していた、デンマーク在住の澤渡夏代ブラント氏からもそのような発言を何度か聞いたし、その著書[8]にも「人が資源の社会」とある。

では個人のニードと社会のニードが対立し、相克する場面はないのであろうか。日本人の感覚だと、社会的要請に従うあまり個人の生活を犠牲にする、高度成長期の企業戦士、あるいは私事化が進み、社会への関心が希薄化する現代の人々といった、個人か社会かという二項対立が思い浮かぶのであるが、個人の利益であると同時に社会の利益でもある生き方を可能と考えるデンマーク社会は、フレキシキュリティという概念が示すように、二項対立を越えていこうとする知恵と方法に長けている社会なのかもしれない。それは、青年の教育計画・日誌について、コントロールされすぎているという批判もあるが、バランスの問題だ、とブロック氏が語ったことにも通じる。前述したように若者のひとりも管理は実際あるにしても、それによって若者自身の生活や考えが支配されているわけではない、と考えているようであった。

ただ、国際競争への参入と、デンマーク人のものの考え方の伝統の相克は、調査で話を聞くたびに感じることである。例えばデンマークは長いスパンでのキャリア形成に寛容で、若者自身も、親も、学校も、社会も、やり直しや転学、転職を特別なことと考えず、それらが容易にやれるような環境が保持されている。しかし政府は従来よりも短縮された形成過程のなかでより高いキャリアへと到達することを望み、新しいガイダンス制度においてはより合理的・効率的な方策が追求されている。しかし教育省への調査の一年後の二〇〇九年九月に行った技術高校の生徒たちへのインタビュー(9)では、話をしてくれた生徒たちは学力の高い若者たちであったが効率優先の考えではなく、デンマーク社会で価値をおかれてきたゆっくりとした育ちを経験し、またそれを誇りに思っているようであった。インタビューした全員が経験していた一〇年生クラスについての評価が高いことも端的にそのことを物語っている。(ただ、一〇生クラスという制度は、単に効率的でないから廃止されるべき、とするのではなく、二〇一四年の国民学校改革、二〇一五年の職業教育改革以降、新たな意味を付与されている。それについては第六章で述べる。)

二〇〇四年の法改正を始まりとしておよそ一〇年をかけてデンマークの教育制度はドラスティックな変貌を遂げたが、教育改革の成果と課題の整理はその端緒についたばかりである。嵐のような変革の中で、国際競争へのより成功的な参入とゆっくりとした育ちを重んじる伝統、政府や学校管理組織の主導と子ども自身の主体的な生き方。これらの二項対立をデンマークはどう越えていくのか。その点を今後も注目していきたいと考える。

第三節

## デンマークの若者の進路選択

この節では、義務教育を修了した若者がどのように進路を選択するのかについて述べたい。調査資料は二〇〇八年九月にコペンハーゲン西地区ガイダンスセンターを訪問し、カウンセラーのベント・ストアゴー氏（第二節にも登場）から受けた説明[10]である。

**5-1**　ベント・ストアゴー氏

### 国民学校修了後の進路

**5-2**に義務教育修了後の青年期教育（後期中等教育）の各コースを示す。

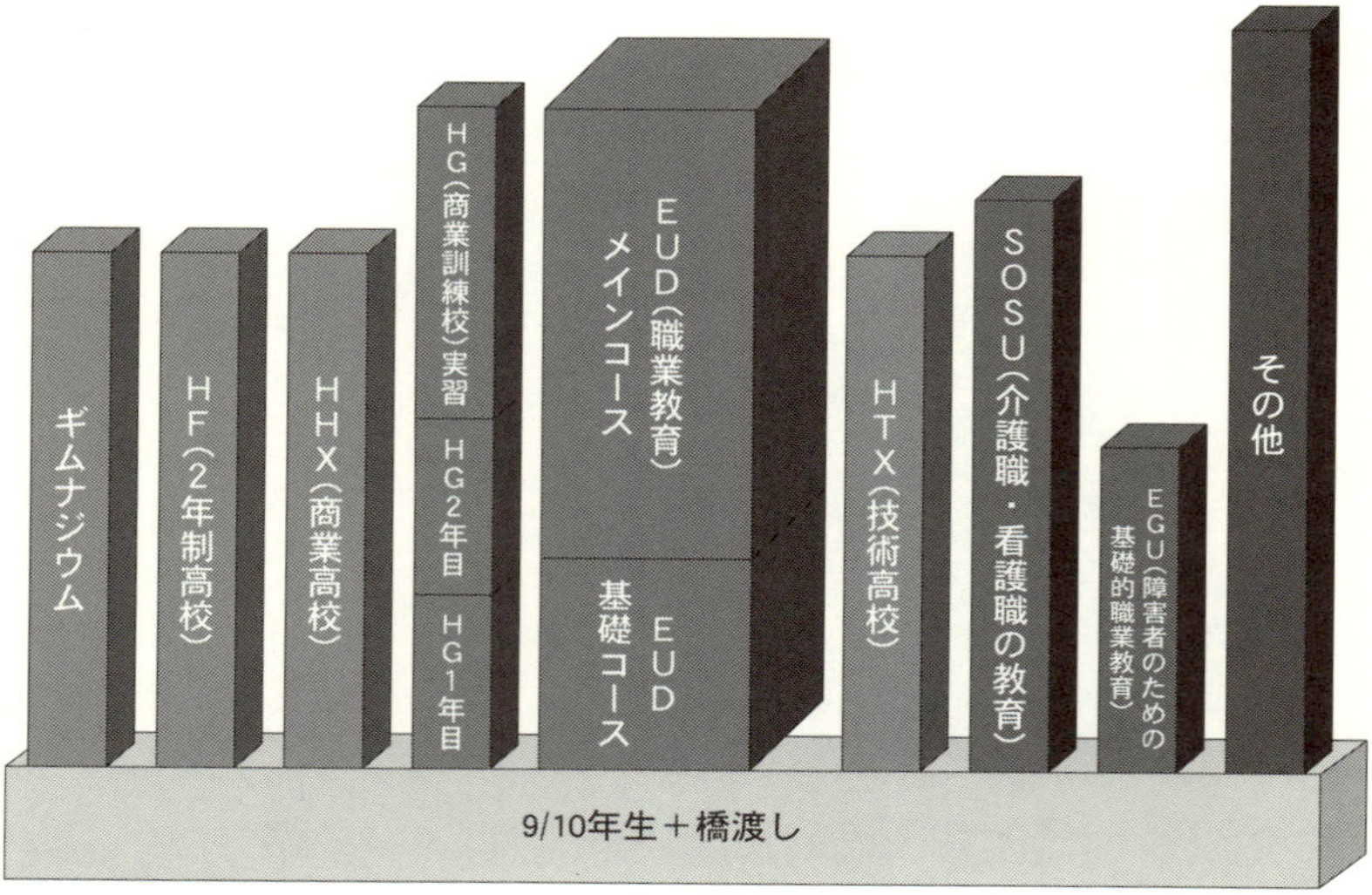


**5-2　義務教育修了後教育**

### ❶ 一〇年生クラス

一〇年生は、九年までの教育を終えたとき、次の学校に進む準備ができていない生徒がさらに一年間を過ごすクラスである。一〇年生への進学率は地域によるが、コペンハーゲン西地区は同年齢の若者の二〇～二五％にあたる（全国では五〇％）。成績の振るわない生徒ばかりが進学するのではなく、より高いレベルの高校に進学するために成績を書き換えることを目的に一〇年生クラスに進学する若者もいる。

### ❷ 高校

デンマークには四つのタイプの高校がある。従来からあるのが技術高校（HTX）、商業高校（HHX）、普通高校（ギムナジウム、STX）である。Xのつく学校はすべて三年間の課程であり、上級学校への準備教育を行う。技術高校は理科、技術教科に特化している。高校への進学率は地域による差がある。親の経済状況が厳しく移民の多いコペンハーゲン西地区では比較的富裕層が住むコペンハーゲンの北地区に比べると高校への進学率は低い。

全国的に見ればこの三〇年で高校進学者は飛躍的に増えている。二〇〇八年当時に六〇歳代であったストアゴー氏の若い頃、すなわち一九六〇年代には高校進学者は八％だったが、その後三、四〇年の間に五、六〇％に増えた。

四つめの高校はＨＦで二年制の学校である。ＨＦは四年制大学より教育期間の短い学校、例えば教師、ペダゴー、看護師などを養成する学校への入学を目指す人たちの高校である。（ただし教師教育はその後改革を経て四年制大学の教育にかわった）。

**❸ＥＵＤ（Erhvervsuddannelse　職業教育）**

ＥＵＤは例えば、煉瓦職人、大工、配管工、電気工などの技術職を養成する学校である。その養成システムは、二〇週、つまり半年の基礎訓練を受けた後、商店もしくは会社で働きながら訓練を受けるデュアル・システム（dual system）である。この働きながらの訓練は多くの場合、三年から三年半で、基礎訓練と合わせると通算で四年間となる。ＥＵＤについては、第六章で再度取り上げる。

**❹ＨＧ**

商業について学ぶ学校で、商店もしくはオフィスで働きたい人が行く学校である。商店の店員になりたいなら、一年間ＨＧで学び、その後三年間店で働きながら訓練を受ける。事務員として働きたけれ

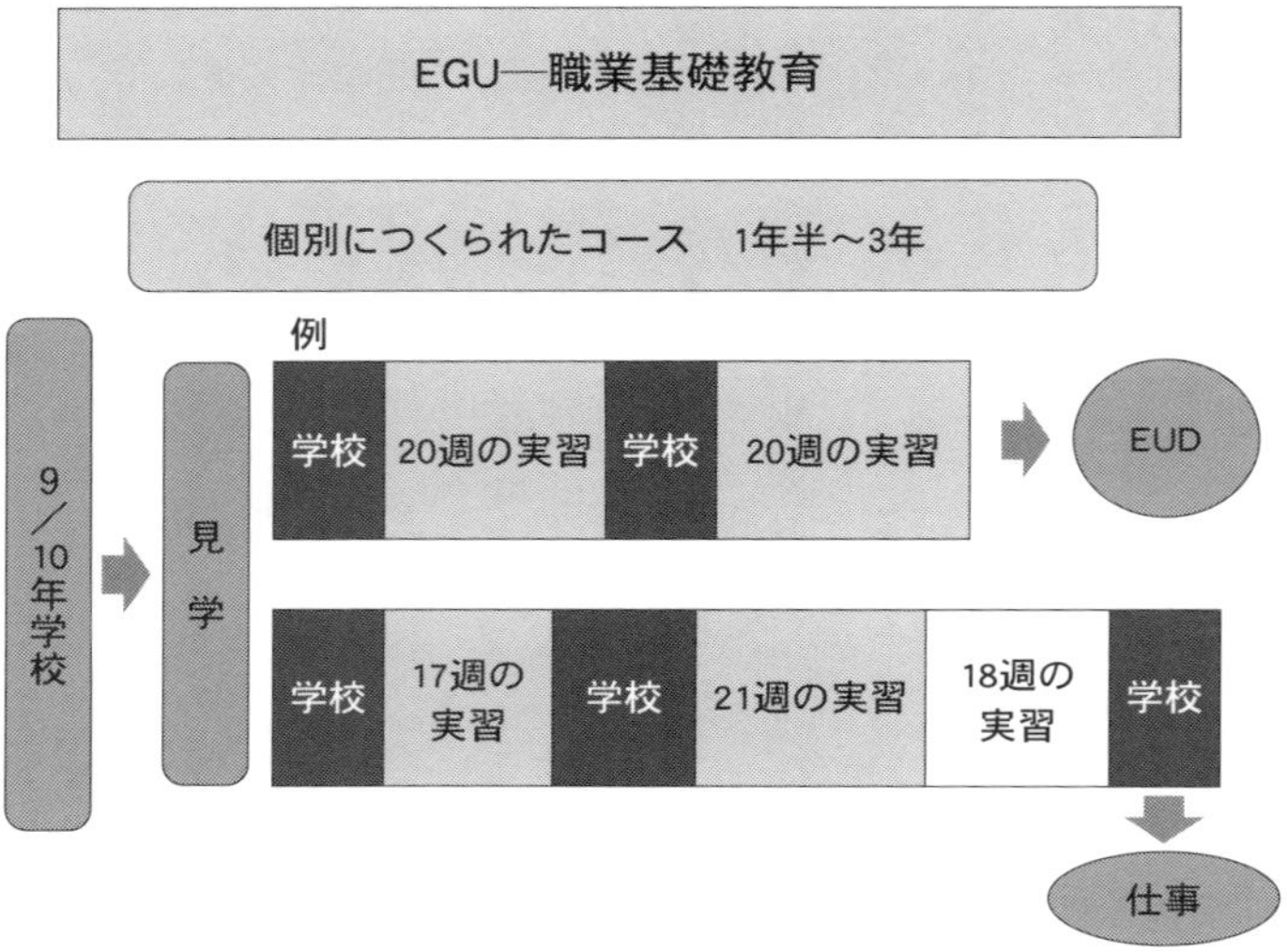


5-3　EGU職業基礎教育の例

ば、HG1、HG2と二年間学び、その後二年間オフィスで働きながら学ぶ。

**❺SOSU（Social & Sundhedshjælper　社会と健康のヘルパー）**

SOSUは老人介護施設スタッフや看護助手といったサービス・医療分野の職員のための基礎的な教育である。

**❻EGU（Erhvervsgrunduddannelse　職業基礎教育）**

EGUは、何らかの障害をもつ人が教育のラインに乗れるように援助する教育である。かつてはこのような人たちは教育、仕事のラインに乗れず年金生活者となったが、今は彼らがもっている技術・リソースを生かせるように援助する。ただしEGUを受ける数は非常に少なく、例えばストアゴー氏の管轄区域には五万人の住民がいてEGUに該当するのはその中でわずか二〇名である。5-3

に示したＥＧＵの仕組みは一例にすぎない。というのは、訓練の形式と実際は支援の対象の若者に合わせて行うからである。対象の若者が国民学校を卒業すると自治体が費用を負担して若者に「見学」（visitation）を受けさせる。これは特定の職場に入って試しに仕事をしてみることで、給料も得られる。最初は月給一五〇〇クローナで、この額は大学生の一ヶ月の生活費と大体同じである。給料を支払うことの目的は、彼らが公的扶助を受けて生活しないで済むようになること、お金を使うことを学べるようにすることと、彼らが年金生活者になるのを遅らせることである。

## 教育計画（Uddannelsesplan）

教育計画はすべての生徒一人ひとりについて作成される。

### ❶ 特別なニーズをもつ子どもの教育計画

**5-4** は特別なニーズをもつ子どものための就学・教育計画のフォーマットである。「将来の志望」の欄には「九年生修了後の夏休みから何をするか」を記入する。その例の中に書かれたエフタスコーレ（efterskole）について説明しておく。

一〇年生クラスと同様、義務教育修了後、次の学校に進学するには成績や心理的な準備が十分でないと感じた生徒が一年間在籍する（または国民学校段階から転籍して二年在籍することが可能なところもある）

| 就学計画／教育計画<br>（国民学校修了後特別な教育に参加している生徒） |
| --- |
| ・名前　　　　　　　　　　・社会保険番号<br>・カウンセラー　　　　　　・学校<br>・コミューネ（市） |
| ●学校を修了した年月日 |
| ●将来の志望<br>９年生修了後の夏休みに何をしようと思っていますか？<br>・10年生クラスへの進学<br>・青年期教育<br>・エフタスコーレ<br>・プロダクションスクール<br>・職業基礎教育（EGU）<br>・家事学校<br>・その他 |
| ●個人的な状況<br>将来の志望を実現するにあたって、あなたを助けてくれるような長所・得意なことはありますか？<br><br>将来の志望を実現するにあたって、もう少し改善した方がよいと思われる点はありますか？ |
| ●特別な配慮／特別な教育上の支援<br>何か助けの必要なことがありますか？<br>（読みについての助け、あるいは移送に関しての助けなど。） |
| ●実習そのほかのガイダンス活動<br>どんなガイダンス活動に参加していましたか？（例えば実習、プレゼンテーションコースなど）<br><br>そこから得たことは？ |
| ●余暇<br>余暇には何をしていますか？<br>一緒に過ごす仲の良い友だちはいますか？<br>アルバイトはしていますか？ |
| ●居住環境<br>現在の居住環境は？<br>将来はどんなところに住みたいですか？ |

### 5-4　特別なニーズをもつ子どものための教育計画

学校であるが、公立の一〇年生クラスとの違いは、エフタスコーレが私立の全寮制の学校であるということである。またスポーツ、芸術などに焦点化しているという特徴を有する。エフタスコーレに行く子どもは社会性を成長させる必要性を感じている場合が多い。エフタスコーレの多くは郊外に位置する。義務教育修了の若者の一二%がエフタスコーレに行くというから、決して特別なニーズをもつ子どもだけが対象なのではなく、人数はかなり多いといえるだろう。

　教育計画に戻ろう。その次の第三欄には、子どもが自分について書く。得意なこと・長所と思う点、改善すべきと感じている点を書く。その下の欄には、学校に進学するに際し何か援助を受ける必要があるかどうかについて書く。例えば読字や書字に問題があってコンピューターが必要であるとか、視力や聴力や身体の障害といった特別なニーズをもっている、などである。この欄の内容に応じ学校は生徒を助けるための方策を考えなければならない。五番目の欄には、義務教育期間に経験した職場体験とそこから学んだこと、六番目の欄には余暇の過ごし方（サッカー、音楽のバンドなど）を書く。最後の欄には現在の居住環境（親と住んでいるのか、など）を記入する。

### ❷ 一般的な教育計画

　続いて5-5に示すのは一般的な教育計画のフォーマットである。

　第二欄には自分について書きなさい、とある。得意なこと、他の人たちと一緒にいたり協働したりするのは好きか、それともひとりで作業する方が好きか、などの質問が続く。第三欄はこの生徒が卒業し

| 教育計画 | |
|---|---|
| 名前<br>社会保険番号 | |
| **生徒による所見**<br>あなた自身について書きなさい。<br>・例えば得意なことは？<br><br>・他の人たちと一緒にいるのは得意ですか？<br><br>・他の人と協働するのは得意ですか、それともひとりで作業する方が好きですか？ | |
| **学校による所見**<br><br>この生徒はひとつあるいは複数の科目を免除されていますか？ | |
| **家庭による所見** | |
| **カウンセラーによる所見** | |
| **ソーシャルワーカーによる所見** | |
| 署名 | 日付 |
| 生徒署名 | カウンセラー |
| 保護者署名<br><br>（次年度進学予定の機関にこの書類を送ってください） | 学校 |

5-5　一般的な教育計画

た国民学校が記入する所見であり、例えばこの生徒は読みに問題を抱えている、とか、試験を受ける学力に達していないから受けていない、等である。第四欄は親からの所見、第五欄はカウンセラーの所見。第六欄はソーシャルワーカーの所見で、もし生徒がソーシャルワーカーの関わりを受けていたら記入する。最後の三つの欄は署名欄で、本人、カウンセラー、親、と続く。そして最後に、「次年度進学予定の機関にこの書類を送ってください」とある。国民学校修了後の次の学校ではこの書類を読み、どうしたらその生徒を助けることができるかを考える。5-5のフォーマットは九年生用である。カウンセラーは国民学校で六年生以上の生徒すべてと面接を行い、そのなかでこの教育計画を生徒と話し合いながら記入していく。六年生、七年生のフォーマットは、この九年生版に比べるとより簡単な内容である。この教育計画は国民学校において生徒の卒業後一年間は保管される。

## 教育日誌

すべての生徒についての情報は教育日誌という形で、カウンセラーによりコンピューター上で管理されている。教育日誌においてはすべての二五歳までの若者が社会保険番号とともに登録され、氏名、住所、連絡方法、現在の状態（学校に在籍しているか就業しているかなど）、これまでの所属機関などが一覧で示されるようになっている。ただ全員の若者について現況がつかめているわけではない。若者が地区外に出た場合はその情報が転入先のガイダンスセンターに送られ、逆もまたしかりである。このような情報のやりとりは毎日のように行われている。現在の状態の欄にＬＯＰという文字が書かれていると、これは looking out position、つまりどこに所属するかを現在探している、ということを示す。ＬＯＰにはサバトーを過ごしている若者も含まれる。

ストアゴー氏が管轄する若者の数はおよそ二六〇〇人であるがそのすべてと面接しているわけではなく、情報管理にとどまる若者がほとんどである。二〇％ほどの、面接を必要とする若者たちがストアゴー氏らカウンセラーの支援の対象である。面接を行って新しい情報が入るたびにこの教育日誌は更新される。カウンセラーの面接のスケジュールも記されている。

教育日誌を見ることができるのは、この日誌を管理するカウンセラーのみである。国民学校段階を担当するカウンセラーは、担当生徒が学校を卒業すれば、その後の段階を担当するカウンセラーにその生徒の教育日誌を送る。

## 第四節　まとめ

一九九〇年初頭からの教育改革により、デンマークでは義務教育修了後の若者すべてが何らかの教育を受けることが目指されている。これは、高度に発達した技術社会においては義務教育修了のみで就業できる仕事がほとんどなくなったためである。

職業教育においては職場と学校のパートナーシップを基礎として、働きながら学ぶというデュアル・システムが採用されている。

また特別なニーズをもつ若者についてのキャリア支援が細やかであることもデンマークの特徴といえるだろう。若者たちはそれぞれ個別の困難を抱えているが、状況に合わせて教育と仕事のラインに乗せていく工夫がなされている。

一〇年生学校、エフタスコーレ、サバトーといった次の教育機関への接続を一年ほど遅らせる仕組みもデンマークの特徴である。

高校の進学に際してはカウンセラーの判断が重要な役割を果たす。高校入学試験のないデンマークでは国民学校の卒業試験もしくは一〇年生クラスの最終試験が、高校入学の可否を決定する資料となる。その試験結果を見てカウンセラーが希望の高校に入れるかどうかを若者と話し合って判断し、その学校入学のために必要な学力が不足している場合はそれを補う方法を提示する。その方法とは、一〇年生クラスまたはエフタスコーレでの学習である。これらの学校で補充的に学ぶことで、入学試験の成績を上書きすることができるのである。

このように、若者の意欲・関心・能力に合わせてきめ細かく多様な教育制度が準備されていること、またガイダンスカウンセラーが一人ひとりの若者の現状や将来への希望を調査して管理することで、ドロップアウトする若者を減らそうとする努力がなされていることが指摘できるだろう。

第五章　注

（1）青木真理・谷雅泰・角間陽子「デンマーク教育関係者インタビュー」『福島大学地域創造』第一八巻第一号、二〇〇六年。

（2）青木真理・谷雅泰・三浦浩喜「デンマークのガイダンスシステムについて―教育省でのインタビュー調査を中心に」『福島大学総合教育研究センター紀要』第七号、二〇〇九年。

（3）三浦浩喜・谷雅泰・青木真理「デンマークの若者支援―若者へのインタビュー」『福島大学地域創造』第二〇巻第二号、

二〇〇九年。

(4)この到達目標にデンマークは到達できず、全国で九八ある市のうち九五％以上の後期中等教育修了者を輩出したのは八のみで、デンマーク全体の修了率は九二％であった。

(5)コペンハーゲン西地区（Vestegnen）は、コペンハーゲン市の西側の地区で、八つの市から成る。ただし、西地区ガイダンスセンター（UU-Vestegnen）が管轄するのはその八市すべてではなく、アルバーツルン、バレルップ、グロストルップ、ホイエトーストルップ、ロドアの五市であり、西地区のそれ以外の市については別のガイダンスセンターが管轄する。

(6)(3)に同じ。

(7)青木真理・谷雅泰・三浦浩喜「デンマークの進路指導について―ガイダンスセンターにおける聞き取り調査」『福島大学地域創造』第一九巻第一号、二〇〇七年。

(8)澤渡夏代ブラント『デンマークの子育て、人育ち』大月書店、二〇〇五年。

(9)谷雅泰・三浦浩喜・青木真理「デンマークの若者支援―若者へのインタビューその2・エフタスコーレとＨＴＸ」『福島大学地域創造』第二一巻第二号、二〇一〇年。

(10)青木真理・谷雅泰・三浦浩喜「デンマークの若者はどのように進路選択するか―ガイダンスセンターでの調査をもとに」『福島大学総合教育研究センター紀要』第八号、二〇一〇年。

第六章

# 職業教育の改革

デンマークの職業教育はデンマーク語ではErhvervsuddannelseと言い、若者のための職業教育（EUD）、成人のための職業教育（EUV）、そしてギムナジウム（高等学校）との連携を図る職業訓練（EUX）の三種類がある。この章では第五章の内容を踏まえ、まずデンマークの職業教育の改革と現状について述べ、後半は特別なニーズをもつ人たちの職業教育に焦点をあてる。

## 第一節　技術学校（TEC）

デンマークでの訪問調査を始めたころ、私たちのガイド役をしてくれた一人に、ベニー・ウィーラント（Benny Wieland）氏がいる。技術職業学校センター（Teknisk Erhvervsskole Center　以下TECと記す）グラッサクセ（Gladsaxe）校のスタディカウンセラーとして、学生の授業選択等の相談にのる仕事を長年続けていた。第五章に書いた西地区ガイダンスセンターを紹介してくれたのもベニー氏である。二〇〇五年三月と二〇〇八年九月に同校を訪問した際、ベニー氏より、デンマークの職業教育EUDならびにTECの仕組みについて説明を受けた。(1)

TECは義務教育修了後に入学できる工業技術系の職業教育学校であり、二〇〇二年に六つの教育機関が統合されてこの名称となったが、教育はそれぞれのキャンパスで行っている。ベニー氏の勤務するグラッサクセ校は創立は一九一七年と歴史があり、TECになる前はグラッサクセ技術カレッジという名称であった。

以前は職人希望の若者は、徒弟制度のもと親方に弟子入りし実地の訓練のみを受けたが、現在はTECに代表される技術学校に入学し、企業との連携のもとに企業と学校を往復しながら理論と実践を学ぶ。デンマークの職業教育の重要な特徴はこの「デュアル・システム」である。三年半の学習期間のうち三分の一は学校での座学に充てられ、三分の二は現場での訓練に充てられる。学生は契約を結んだ企業で専門的な訓練を受ける。学校では理論および校内の工房での技術を学ぶ。その一方でインターンシップとして企業で働き、企業は実践的な訓練を学生に施す。企業は製品の仕様の変更があるとすぐに学校に連絡し、それが授業のなかにすぐに反映される。学校修了後に企業は優秀な人材を確保することができる。

6-1　ベニー・ウィーラント氏

TECグラッサクセ校のキャンパス内には、二〇〇八年当時五つの部門があった。そのひとつ、配管の技術を学ぶ工房には暖房・給湯システムの維持管理実習を行う部屋があり、週末になると教員は一〇機ある暖房システムに手を加えて壊し、週明けに学生が来てその故障個所を点検し修理をしていた。デザイン部門では、ロイヤル

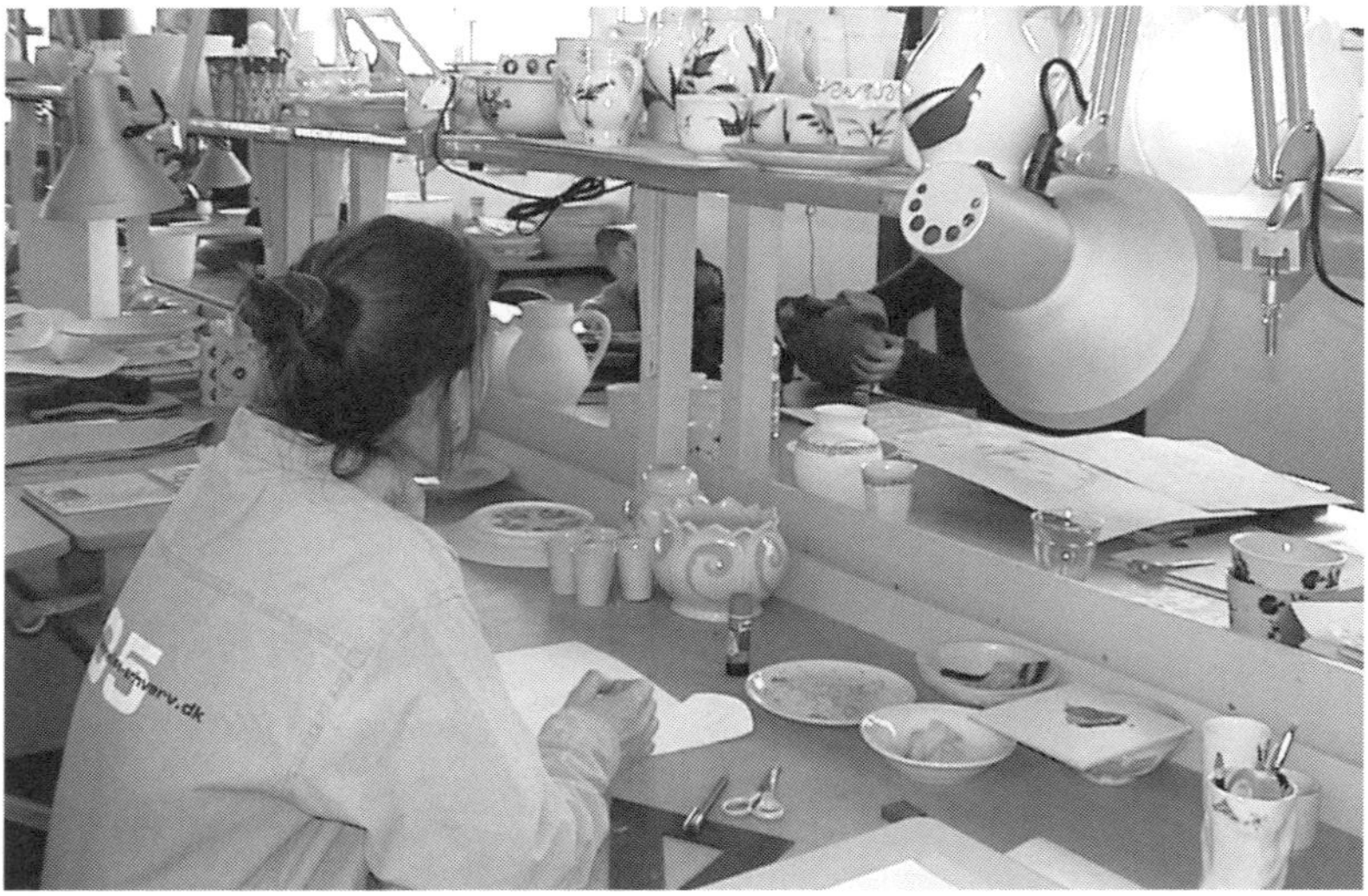

6-2　TECの磁器絵付けの工房（2005年当時）

コペンハーゲンの絵付けの実習が行われていた。ロイヤルコペンハーゲンの「ブルーフルーテッドメガ」は、この学校の学生であったカレン・キエル・ガード・ラーセンが在学中にデザインしたもので、伝統ある「ブルーフルーテッド」のモチーフを拡大したデザインである。（現在はTECグラッサクセ校ではロイヤルコペンハーゲンのデザイン部門は閉鎖された。ロイヤルコペンハーゲンの生産がデンマーク国内ではなくタイ生産にほぼ移行することに伴ってのことである。）

二〇〇八年九月には、ベニー氏の仲介により、TECの学生にインタビュー(2)をすることができた。配管工コースに学ぶヘンリック・チョーダー(Henrik Tjäder)さん（二八歳男性）とリーサ・ボーン・ラーセン(Lisa Bohn Larsen)さん（二八歳女性）の二人である。ヘンリックさんは一〇年生クラス卒業後、商業学校で四年間販売員の教育を受け、販売員として勤めたが、仕事が自分に合っていないと感じ、父と同じ配管工になろうと考えて水回り修理の会社に就職、時を同じくしてTECに入学した。リーサさんは一〇年生クラスを終えた後二年間商業学校で学び、一年間販売員として勤めた後、介護福祉の教育を受け、看護助手の仕事をした。たまたま家の配管が壊れたのを自分で直そうと考えて配管の会社に就職し、同時に教育を受けることにした。国民学校修了直後の若い学生の場合は学校で基本的な訓練を受けた後にインターンシップの企業との契約をとりかわすが、二人のような成人の場合、技術的には未熟でも直接企業と四年の契約を取り結んで働き始め、学校で専門的な訓練を受けることができる。ヘンリックさんは義務教育を終えたばかりの一五歳の人たちとやっていけるのか不安を覚えていたが、入ったクラスでは三〇％以上が二五歳以上だったので安心したとのことだった。リーサさんは意欲十分で入学したので、成績評価によって目標が明確になりさらに高く動機づけられると話した。四年間の契約終了時に学校の試験を通過できれば企業との契約も終了する。もしその企業に就職したければ新たな雇用契約を結ぶこともできるが、多くの学生はインターンシップの企業とは別の企業に就職するとのことであった。

続いてキャッチャ・スーゴー（Katja Søgaard）さん（二三歳女性）、ティーナ・サールグレーン（Liv Sahlgreen）さん（一七歳女性）に話を聞いた。二人は磁器絵付けコースの学生である。キャッチャさんは一〇年生クラス修了後アニメーションの学校に通ったが、その後ついた仕事が好きになれず、新聞記事でＴＥＣのことを知った父の勧めで入学した。卒業後はロイヤルコペンハーゲンに勤めるか、もう一度アニメーションの学校に行くかしたいとのことであった。ティーナさんは両親がロイヤルコペンハーゲンで働いており、国民学校九年生の職業実習でロイヤルコペンハーゲンを訪れ、その際、磁器工場で働くにはどうしたらいいか尋ねたところ、ＴＥＣを勧められた。卒業後はロイヤルコペンハーゲンに勤めたいとのことであった。国民学校でいじめに遭い、その後、別の国民学校に転校した。転校当初は授業に集中できなかったが、九年生のときカウンセラーにエフタスコーレを勧められたのが転機になった。勉強は好きではなかったが将来子どもをもったときにある程度の教養は必要だと考えるようになり、スポーツ活動を特徴とする寄宿制のエフタスコーレに入った。エフタスコーレは厳しく勉強させられず自分のペースで進められ、得るものが多かったという。この二人は、その前の二人に比べると若い。ティーナさんはガイダンスセンターが設立されたころ国民学校に通っており、進路決定の手助けをしてくれたカウンセラーとの出会いを高く評価していた。

四人が四人とも一〇年生、もしくはエフタスコーレを経験していることが共通しており、また、ティーナさん以外は一〇年生修了後に選んだ教育と就業を経て、それらと異なる進路を選んでいる。この人たちの話からも、デンマークでは何度でも再チャレンジすることがごく普通であり、また一〇年生や成人になってからの教育制度を活用してゆっくり学び自分に合う進路を見つけるという傾向があることがうかがい知れた。

第二節

## 職業教育訓練の改革

6-3 西地区ガイダンスセンター所長
カーステン・ボトカー氏

すでに述べたように二〇一四年八月一日に国民学校法が改正されて国民学校が大幅な改変を迫られた。その後二〇一五年八月一日には、職業教育訓練の改革が行われた。

その改革に先立つこと約一年前の二〇一四年九月に、私たちは西地区ガイダンスセンターを訪ね、所長のカーステン・ボトカー（Carsten Bøtker）氏から教育改革、職業教育についてのレクチャーを受けた。二〇〇四年のガイダンスセンターの設立から二〇一五年の職業教育訓練まで、その間政権交代をくり返しつつも、ある程度一貫した方針があり、一〇年以上の長いスパンで大掛かりな教育・労働施策が行われてきたことを理解することができた。レクチャーの内容にふれる前にまずカーステン・ボトカー所長について紹介したい。

カーステン・ボトカー氏は一九五二年生まれで二〇一七年現在六五歳。コペンハーゲンのフレデリクスベア出身。いわゆる労働者階級出身で、両親の教育程度は高くなかった。経済的にも恵まれず小さいアパートにひしめきあって暮らしていた。「家には本はほとんどなかった」、「貧しい家の出自であることは私にとってとても重要だ。というのはそれが現在の私——私生活、職業生活、政治的信念——をつくっているからだ」と彼は語る。国民学校修了後店員助手になったが、一念発起して教員養成専門学校で学びフレデリクスベアで特別支援学校の教員になった。また教員時代に研修を受けて国民学校に配置されるカウンセラーになった。

社会主義人民党の党員でもあり、貧困層の生活改善・幸福安寧の追求に情熱をもち続けている。フレデリクスベア市会議員に立候補したこともある。

特別支援教育とカウンセリングの経験を買われて、教育省が推進するガイダンス改革に協力するようになり、不適応の子ども・若者の教育、特別なニーズをもつ児童生徒のインクルーシブ教育に関わる政府の計画を推し進める組織の一員となる。二〇〇四年のガイダンスセンター設立と同時に西地区ガイダンスセンターの所長に就任する。その後も政府の教育改革に関連する仕事を続けている。

レクチャーは二〇一四年九月二六日、西地区ガイダンスセンターで行われた。陪席した同僚のキム・ホイヤー・クリステンセン（Kim Højer Christensen）氏が補足説明を行った。

## ＊西地区ガイダンスセンターの特徴

西地区ガイダンスセンターは五つの市（アルバーツルン、バレルップ、グロースドルップ、ホイエトーストルップ、ロドオア）を管轄する。

これらの市は他の地域に比べて移民が多く、教育と経済の程度が高くない人が多い。首都地域という都市部でありながらこのような状況があるので、最も複雑な状況を抱えたガイダンスセンターであるといってよい。しかし私がこのガイダンスセンターで働いているのは、この低いレベルの経済と教育の問題を抱える人たちの状況を改善したいという気持ちがあるからだ。スタッフを雇用する際には移民問題、高い教育を受けていない人たち、心理的な問題を抱える人たちに対してどういう考えをもっているかをきくことを大切にしている。これらの問題を扱える力があってこそ、本センターでカウンセラーとして働くことができると考えるからである。

デンマークという小国の中でコペンハーゲン西地区は二〇万人の人口を抱えているので、本センターは全国のガイダンスセンターの中では大きい方である。本地区には四五の公立学校、一〇の私立学校、五つの特別支援学校がある。この地区の子ども・若者は、高い知的能力を有する人から低い能力の人まで、その幅が大変広いということができる。本センターが対象とするのは国民学校七年生から一〇年生までのすべての生徒である。加えて、国民学校修了後の一六歳から二四歳までの若者二二、〇〇〇人の中で教育も受けておらず就業もしていない人がサポートの対象となる。

職員のうちカウンセラーは四〇名いる。教員養成教育をベースにカウンセラー資格を得た人は国民学校の生徒を担当し、特別支援教育の教育を受けたカウンセラーは特別支援学校で活動する。若者支援の教育を受けたカウンセラーは一六歳から二四歳までのガイダンスを担当する。専門分野ごとにカウンセラーを雇用するやり方は、ガイダンスの高い質を保証でき、豊かな成果を期待できる。カウンセラーは学士レベルの教育を受け、半年に一つのテーマを学び、卒業までに六つのテーマを学ぶ。テーマは例えば移民、特別支援教育、などである。

カウンセリングはただ座って話をきけばよい、だから特別な教育は不要である、という考え方が以前はあったが、センターを開始して一〇年間やってみて、よい組織、専門化された教育があってこそ質の高いガイダンスを行うことができると感じている。

カウンセラーのほかに学校へのチューター派遣も行う。多動、他者との関係の困難、学習の困難などの問題がある場合にチューターは重要な働きをなす。家庭状況がよく子どもの宿題を親が見てやれるならよいが、そうでない家庭の場合チューターの存在意義は大きい。

四〇名のカウンセラーはその活動時間の八〇%を移民、貧困層といったマイノリティーとの関わりに使っている。所長としてはカウンセラーに、自分の問題を自分で処する能力のある子ども・青年より、能力も資源も少ない人たちにこそ、活動時間を使うように指示している。本センターでは複雑な状況に対応する能力をもつカウンセラーが雇用されている。

**＊四つの改革の目指すもの**

デンマークの国家目標のひとつに、青年の九五％が後期中等教育を修了する、ということがある。それを達成するために、ＳＴＵという新しい制度がつくられた。ＳＴＵ（Særlig Tilrettelagt Ungdomsuddannelse）は、特別なニーズをもつ青年のための青年教育である。

本センターの使命のひとつは、マイノリティ（移民、高い教育を受けていない、不安定な家庭、障害をもつなど）の人たちの就業を実現することである。そのような就業に関わる法律改正は以下のものである。

公的生活扶助改革　Kontanthæalps - reform　二〇一四年一月一日施行
国民学校改革　二〇一四年八月一日施行
ガイダンス改革　二〇一四年八月一日施行
職業教育改革　二〇一五年八月一日施行

これらの改革は実は高度に結びついて互いに関連し合っている。

職業教育（ＥＵＤ）改革の必要性が高まった直接の要因のひとつに、大工、配管工といった職人の人口が減っているということが挙げられる。二〇〇四年当時は義務教育修了後職業教育に移行したのは三〇％だったが、二〇一〇年には一九％に減少した。理由として職人の社会的地位が低いこと、インターンシップを受け入れる企業に限りがあることが挙げられる。また一九五〇年の出生数は九五、〇〇〇人だったが二〇一〇年は五五、〇〇〇人と大幅に減少した。一九五〇年に生まれた人たちが今退職の時期を迎えて、職人の数の不足はさらに決定的になる。

政府は職業教育を受ける若者の数を増やしたいと考え、そのために職業教育のレベル引き上げを考えている。テクノロジーが進化し複雑化したものづくりに対応するためでもある。

前述の四つの改革は、別の言い方をすれば、どれも本質的には、生徒・若者の後期中等教育へのレディネスを高めることを目的としている。例えば国民学校の八年生で成績が４（本書四一頁、第一章1-7参照のこと）に達していなければ、高校進学のための十分なレディネスがととのっていないということになる。４に達していない子どもに関して、ガイダンスセンター、学校、親が話し合って問題への対策を講じる。西地区の子どもたちの相当数が４未満である。例えばアルバーツルン市では二五％の子どもが４未満、つまり高校教育へのレディネスのととのっていない子どもがこの地区では大変多い。さらに言えば、レディネスの学校間格差が大きく、４以下の生徒の占める割合は一〇％から六〇％の間にある。

読み算数ができない子どもの多さは大きな政治的課題となっている。またこの状況は家庭の経済状況とも関連があり、4未満が一〇%の学校は持ち家家庭が多く、4未満が六〇%の学校は低家賃の集合住宅に住む家庭が多い。4未満が一〇%の学校の親は比較的高い教育を受け仕事をもち、六〇%の学校の親はその逆である。

ガイダンスセンターと学校長が協力し合って、今後二年から二年半の間に六〇%の数値を減らすことを目指している。二〇一四年八月に成立した国民学校改革が「より多くの学習時間を」「より規律正しい学校を」「より多くの目標を」と言っていることの背景には、実は、この4未満生徒を減らしたいという意図が含まれている。六〇%という数字はショッキングなものであるが、二年間の間に数値を減らすモティベーションを上げる効果があるともいえる。

## *職業教育改革

ここからは職業教育(EUD)の話である。九年生もしくは一〇年生で、義務教育段階の最終テストを受け、デンマーク語と数学で02以上をとっていることが、職業教育に入るための要件である。二〇一五年の職業教育法改正をにらんで、義務教育で02未満の生徒がどのくらいいるかを調査したところ、アルバーツルン市では五二名が02未満であった。この人たちは職業教育に入ることができず、それは仕事につくことができないということを意味する。ガイダンスセンターと学校の大きな課題は、現状では職業から除外されてしまう若者たちを職業につなげるために全力を尽くすということである。

02未満の生徒のうちの相当数が将来犯罪を犯すかもしれないし、また相当数は知的障害があり病気をもつ。怒りのコントロールのむずかしい人たちも含まれる。

国民学校の校長と教員の課題は、六〇％の4未満を減らすことで全体の底上げを行い、結果的に02未満も減っていくように努力することである。

職業教育改革において政府は職人の数を増やしたいと考えているが、人口が減少し一方で基礎的なレディネスに到達しない低学力の子どもの割合は増えているという状況では、正直言って、職人の増加を達成することはむずかしいと思う。ただ国民学校改革により、教員が子どもたちがよりよく学べるように努力し、それが成果を生み出すことができれば、低学力者の減少につながるだろう。公的生活補助の機関、国民学校、ガイダンスセンター、職業教育機関、それぞれが別々に動いていたが現在は連携し合うようになっている。

九年生修了時に4に満たない生徒は一〇年生学校に入ることができる。レディネスのととのっていない生徒やゆっくり学ぶ生徒が自分に合った方法で学力をのばすことができる学校である。

以上がカーステン所長のレクチャーの内容である。カーステン所長自身の信念に照らした上での教育・若者支援改革についての評価であるので、政府の公式見解とは必ずしも一致しないかもしれない。

この一〇年以上の改革の嵐の中で貫かれているものは、彼の考えによれば、貧困層・低学力層の引き上げである。決して無視できない割合の貧困層・低学力層の学力を引き上げ、就業につなげることができれば、彼らの幸せはもちろんのこと、国としてのマイナス要因を減らし利益を増やすことができると彼は主張する。国民学校改革での学校時間・学習時間の長時間化や教師の質向上の努力は、よく学ぶことのできなかった層の改善に効果があって初めて意味がある、と彼は考えているようである。職業教育改革についても、政府が目指す職人の増加にはあまり効果は期待できないのでは、と予測し、しかし職業教育改革は就業から除外されてきた貧困層を社会の中に包含するためには大いに意味があると考えている。

次の節では、教育省が発行した職業教育改革のパンフレットの概要を紹介し、その後カーステン所長のレクチャーと照合させたい。

# 第三節　職業教育システム

本節では二〇一五年八月一日に職業教育法が改正されるのに合わせてデンマーク教育省が発行した「職業教育訓練（ＶＥＴ）の改革—デンマークの職業教育システムの概観」と題する英文のパンフレットをもとにその概要を述べたい。(3) ヨーロッパ全体で職業教育は英語でVocational Education and Trainingと称されＶＥＴと略されるので、このパンフレットでもＶＥＴと書かれているが、これはデンマーク語のＥＵＤと同じ意味である。

## 職業教育プログラムについて

職業教育プログラムは国民学校修了後ただちに始まる実践的な教育プログラムで、職業に直接つなげるか、さらなる高等教育のステップともなるものである。プログラムは、基礎コース、コース修了時の試験、メインコースと続く。メインコースは座学と実践的訓練を交互に行うデュアル・システムで行われる。理論を学ぶのは職業カレッジ、技術カレッジ、成人職業訓練センター、農業カレッジである。職業教育の分野は多岐にわたり、一〇九もの職業教育プログラムが提供される。

## 職業教育改革の概要

二〇一四年二月に改革についての合意が形成され、四つの明確な目標が定められた。

目標1　第九、一〇学年修了後ただちに職業教育に移行する若者を増やす。
目標2　職業教育修了者を増やす。
目標3　職業教育は、すべての生徒がすべての潜在能力を発揮できるようにする。
目標4　職業教育に対する信頼感と安心感が徐々に増す。

これらの目標のもとに具体的な成果目標が定められその成果についての評価が行われる。

職業教育に入る若者の数を増やすためには若者にとって魅力的な環境をととのえることが重要である。学校環境は学問的でありつつ若者の社会性を促進するようなものでなければならないし、初期の段階では国民学校での生活と専門的な職業教育のコースの橋渡しができることに注意が払われる。広報活動に力を入れることも提案されている。

職業教育を選択した場合の後の道筋についての見通しが明確であることも、若者を惹きつけるために必要なことである。

また、ＥＵＸを受ける若者を増やすことも目標とされており、将来的にはすべての主要教科領域のなかでＥＵＸ教育が提供されることになっている。

職業教育では労働市場への強い志向を育てることが必須ではあるが、修了後により高い教育を望む若者には教育を継続する機会を与える。

## 成人のための職業教育（ＥＵＶ）

成人のための職業教育、すなわちＥＵＶが創設される。若者の職業教育と異なるのは、成人のための職業教育（ＥＵＶ）は成人がすでにもっている教育と経験を出発点としていることである。経験次第で基礎プログラムやインターンシップを省略、削減することが可能になる。一方で、労働経験も教育もない成人にも門戸が開かれる。

## 職業教育修了を実現するための入学要件と救済措置

職業教育の中退者を減らし職業教育の修了者を増やすために、入学時の基本的な条件を明確にした。それはデンマーク語と数学の評価で02以上をとることである。というのは、改革前の職業教育では中退の要因の多くは読み、書き、算数の必要な基本的スキルをもたないことだったからである。

この要件を満たさない若者への救済措置も用意され、それは職業一〇年生クラス（ＥＵＤ10）、義務教育後教育、生産学校、一般的成人教育、ＥＧＵなどである。

国民学校第九学年修了の段階でこの入学要件を満たしていない若者のために新しい職業志向のコース、ＥＵＤ10が第一〇学年に創設された。これは若者が職業教育を開始するに必要な資格を得られるように支援を行う。このＥＵＤ10については第一章で書いた。

義務教育部分は一般の一〇年生クラスの内容に相当するが、同時に職業教育への橋渡し教育の機能をもつ自己選択プロジェクトも用意されている。自己選択部分は職業教育における四つの主要領域に至る科目を含んでいる。

さらに将来的には、職業教育を修了するのに必要な職業的・社会的・個人的スキルをもち合わせずドロップアウトした一五歳から二四歳の人々に提供する青年期教育の改革も計画されている。従来の生産学校等のオルタナティヴな教育をより職業志向的で、質の高いものとするために、現在あるものを結合させて新しいユニット（ＫＵＵ　kombinerede ungdomsuddannelse　結合された青年期教育の意味）をつく

ることが計画されている。(4)

## 職業教育の質の向上

より有能でスキルのある労働者を育成するために、職業教育の質向上が目指される。具体的な方法としては、教育の長時間化、教師のスキルの大幅引き上げ、学校での教育とインターンシップの明確な連携、授業方法の多様化、などが考えられている。質の高いインターンシップを実現するために国内に五〇のインターンシップセンターが創設された。

またガイダンスも職業教育の修了に関して重要な働きをなす。教育レディネスがととのわず中退するリスクの高い生徒をより早く識別することの重要性が強調される一方で、個別のガイダンスの必要のない生徒へは集団的なガイダンス（職業への移行期における規律への喚起など）を行い、進路選択についてのデジタルメディアの活用を勧めることが提唱されている。また国民学校の授業を通して教育的・職業的・労働市場への志向性を高めることも重視されている。

以上がパンフレットの概要である。ここからは、このパンフレットの内容とカーステン所長のレクチャーを比較検討していきたい。

## 若者を惹きつける魅力

パンフレットでは若者を惹きつける魅力を高める必要性がくり返されている。これは、カーステン所長がEUDに入る若者が減ったのは職人の仕事がもはや若い人を惹きつけないからだと語ったことと関連している。環境整備が魅力向上の手段として挙がっており、また基礎プログラムの中で生徒の職業意識を高めることも重視されている。

二〇〇八年にTECで語ってくれた学生たちの入学の動機や教育への期待を考えると、国民学校段階での体験学習は効果が大きいと思われる。八年生で全員が職業教育体験をするというプログラムはそれを意図してのことであろう。ただ、職人の仕事自体に魅力がなければ若者は関心をもたないのではないか。TECのティーナさん、キャッチャさんを惹きつけたロイヤルコペンハーゲンの絵付けは、ロイヤルコペンハーゲンの自国生産終了とともに、国民学校での体験実習もTECの中での部門も消滅した。就業率を向上させるために子ども・若者のための教育と支援を手厚くする一方で、デンマークならではの産業の維持と育成もまた、大きな課題なのではないだろうか。

## ガイダンスの改革

ガイダンスが改革され、能力が高い子どもよりも困難を抱える子どもにより集中することになった。これはカーステン所長が語ったことと一致する。能力が高く適応の良い子どもに対する支援は、集団式すなわちコストパフォーマンスの高い方式となり、またデジタル教材を活用することで個別・自主的なガイダンスが行えるようにしている。ただ、適応は学力だけで評価できるものではなく、個別面接でカウンセラーが行うアセスメントは学力以外の要因を扱いうると思う。国民学校の六年生以上で年一回以上受けることになっているガイダンスのための面接の重要度は大きいと思う。

## 一〇年生クラスへの新たな期待

職業教育への候補生だが十分なレディネスを有していない若者を支援する仕組みとして、一〇年生クラスに新たな期待が寄せられている。従来の一〇年生クラスの教育の中に、労働市場参入への意識を高揚させるような教育内容が盛り込まれた制度、ＥＵＤ10である。より早い段階でより高いレベルの教育により多くの若者が参加することで国際競争力を向上させることを目指している政府も、レディネスが不十分な若者の存在を重く見て、その若者の支援には伝統ある一〇年生クラスを活用しようとしているようである。

## 第四節　STUと自閉症スペクトラム障害（ASD）をもつ青年の強みを生かした職業教育

カーステン所長の説明の中で、STUは[5]、特別なニーズをもつ青年のための青年教育である、とあった。本節では、STUの中にカテゴライズされるアスピット（AspIT）とスペシャリスターネ（Specialisterne）について、訪問調査に基づき述べたい。どちらも高機能のASDの青年へのIT教育プログラムである。

### アスピット（AspIT）

アスピットは、二〇〇五年にユトランド半島南部の都市ヴァイレ（Vejle）で生まれた、アスペルガー症候群に代表されるASDの若者にIT教育を行い就業につなげるSTUである。

ＳＴＵは二〇〇七年制定の「特別なニーズをもつ若者のための組織された教育法」（以下ＳＴＵ法）の第一条にその目的を「発達障害などの特別なニーズをもつ青年が、社会人としての生活にできる限り自立的かつ積極的に参加できるように、あるいは教育と職業に到達できるように、個人的、社会的、職業的なコンピテンスを獲得できるようにすることである」と定義されている。

二〇一三年九月に私たちはアスピットを創始したオーレ・ベイ・イェンセン（Ole Bay Jensen）校長を訪ねアスピット設立経緯、理念、教育内容、現状などを聞き取る機会を得た(6)。

### ❶アスピット設立の経緯

イェンセン氏はオーフス大学でコンピューターサイエンスの学位を取得し、企業のシステム開発部門で働いた後、一九八九年からヴァイレの技術学校でビジネス、ＩＴ、基礎的教育を教えていた。ヴァイレ・キャンパスには一六歳から二〇歳までの三〇〇〇人の生徒がいたが、その中でアスペルガー症候群の若者はコンピューターを好む人が多いことに気づき、彼らにＩＴ教育を教えることができれば就業につなげることができるのではないかというアイデアをもった。二〇〇五年に国の研究補助金を取得して最初のアスピットプロジェクトを始めた。生徒はわずか四人で全員がアスペルガー症候群だった。保護者の賛同を得るためにイェンセン氏は生徒の家庭を訪ね、キッチンで母親と会い、「あなたの息子を三年間私に貸してくれないか。彼らと実験をしたいんだ」と話して承諾を得た。

## ❷隠れた労働力を顕在化させる

アスピットがターゲットとする青年は「隠れた労働力」（hidden workforce）と呼ばれている。ターゲットの若者に教育を提供し、顕在化された労働力へと変化させるのが、アスピットの使命である。そうすることで青年が若い年金生活者になることを防ぐことになるともアスピットは考えている。

## ❸アスピットの対象

生徒は主として二十歳前後のアスペルガー症候群で男性が多い。ただしアスペルガー症候群の診断が入学許可の必要条件というわけではなく、アスペルガー症候群に類似する特性を有し、アスピット教育を気に入った青年なら、受け入れることができる。知能は普通か、高いかだが、学業成績はふるわなかった人が多い。ひきこもりの生活を数年続けていた若者もいる。アスピットに入る以前の学校時代は登校をつらいと考えていた人が多い。ＩＴに才能、あるいは関心があることは必須の条件である。また、ビジネスに携わるにあたっての基礎的な素質も求められる。朝シャワーを浴びることができず臭う人、ビジネスにふさわしくない服装を着ている人などはその素質が不足しているということになる。

## ❹プログラムに参加するために求められる資質

まず、アスピットプログラムに参加し修了するための基本的な条件として、部分的にでも義務教育内容を修了していることが必要とされる。具体的には、以下の三つである。まずデンマーク語の読み、書き、明確な論述ができること。三番目の論述については必須ではない。天才的な学生で、「はい」か

「いいえ」しか言わない者もいるという。次に数学の能力。三番目はある程度の英語読解スキル。必ずしも書いたりしゃべったりする必要はないが、読む能力は重要である。というのはＩＴ用語は英語だからである。これらの資質の評価のための面接をソーシャル・コンサルタントが行い、合格であれば生徒は六週間の見極め期間に移行する。

**❺見極め期間の能力評価**

最初の六週間でスタッフが生徒を観察する。そのポイントは

・通学を継続する可能性。基本的な社会的関係。
・基本的プログラミング
・基本的な英語能力
・基本的なＩＴスキル

**❻見極め期間後の資質のテスト**

見極め期間の六週間が経過した後、ソーシャル・コンサルタントが両親・生徒との面談を行い、アスピットに入学できるかどうかを伝える。合格できない場合はソーシャル・コンサルタントは厳しい結果を伝えるというタフな仕事をしなければならない。

**❼一般的教育モデル**

アスピットの教育は三つのパートに分かれる。

全三年間でその三分の一は教師から教えられる教育、次の三分の一は「成長のためのハウス」(vaxehus)で、ソフトの修理など、企業から依頼されるタスクに教師とともに取り組む。残りの三分の一はインターンシップである。教育、成長のためのハウス、インターンシップそれぞれにおいて、六週ごとに試験がある。最終試験は一斉にペーパーで行う。

学校を修了した後、八〇%は就職するが、中には大学などさらなる教育に進む者も二~三%程度いる。

**❽個別計画—教育モデル——インターンシップ**

アスピットのIT教育の分野は、テクノロジー、ソフトウェア、ビジュアリゼーション、品質保証であり、これらを四つのfocused talent(デンマーク語でfukuseret talent)、すなわち焦点化された能力と呼ぶ。すべての分野を全員が学び、自分は何が向いているか得意であるかを見つける。アスペルガー症候群の人は一人ひとり違う個性をもつという考えが前提にある。

**❾教育の特徴**

少人数で静かな環境を特徴とする。

**❿アスピット教育の目標**

ゴールは、価値を生み出す労働者となることである。別の言い方をすれば税金を納める人になることである。〝できることはいったい何なのか〟を生徒と一緒に考え、生徒が〝焦点化された才能〟を見つけたら、それ以外はやらずにそれに集中するよう導く。

## ＴＥＣバレルップ（Ballerup）校のアスピット

実は私たちは、イェンセン氏を訪問する前年にＴＥＣのバレルップ（Ballerup）校に設けられたアスピットクラスを訪問しインタビューを行っていたのだが[7]、二〇一三年にイェンセン氏を訪問したとき、ＴＥＣのアスピットクラスは八〇％の就業率というゴールを達成できなかったので閉校したと聞いて私たちは衝撃を受けた。二〇一三年の訪問では卒業を控えた生徒にインタビューを行うことができ、その生徒自身と教員から、そこでの教育の意義の大きさに感銘を受けていたからである。

ＴＥＣのアスピットは創始者のアスピットから教育内容のプログラムを買い、ＩＴ教育を行っていたが、創始者のアスピットと異なる点は、生徒の社会性を育てるために、別のＳＴＵプロバイダー機関と協力して、社会性育成プログラムに参加させていた点である。そのプロバイダーは、ハンス・クヌッセン・インスティテュート（Hans Knudsen Institute　ＨＫＩ）という機関である。インタビューに答えてくれた生徒は、インターンシップ実習を行った企業に就職することが決まっていた。ＨＫＩで行われた構造をもった社会性育成プログラムについて肯定的な評価を与えたが、教員は「最初は嫌がっていたが、だんだん変わっていった」と証言した。構造化されたプログラムを取り入れるのは、日常生活でごく常識的な反応やしぐさなどを、経験から学ぶことがむずかしいアスペルガー症候群の人たちに教える必要性が認識されているからである。

創始者グループのアスピットではとくにプログラムはもたず、学校で過ごす時間、インターンシップ

6-4　スペシャリスターネのシンボルマーク
たんぽぽ

期間のどちらもが実践的な社会性訓練の場と考えていた。ただ、二〇一六年九月に新しくできたコペンハーゲンのアスピットを訪ねた際、この学校は創始者グループが経営する学校ではあるが、社会性の育みに配慮した教育内容を取り入れていたので、創始者グループのアスピットも学校によって運営方針が異なるのかもしれないし、校長が何を重要視するかは、その時集まった生徒たちの資質にもよるのかもしれない。創始者グループが強調していたように、同じアスペルガー症候群は二人といないのであるから。

## スペシャリスターネ（Specialisterne）

アスペルガー症候群を含む高機能のＡＳＤ青年に対するＩＴ教育は、アスピット以外でも行われている。そのひとつがスペシャリスターネ[8]である。ＣＥＯの息子がＡＳＤであったことから、ＡＳＤ青年を変えるのではなく、ＡＳＤのもつ特性を強みと理解してそれを最大限に生かすような教育と雇用の仕組みをつくりだした。ＣＥＯはこれを「たんぽぽの哲学」と呼んでいた。6-5は、ＴＥＣのアスピット、創始者グループのア

| | TECのAspIT | オリジナルAspIT | スペシャリスターネ |
|---|---|---|---|
| 対象者 | 平均以上の知能をもったASD青年 | 平均以上の知能をもったASD青年 | 平均以上の知能をもったASD青年 |
| STU | STUプロバイダー | STUプロバイダー | STUプロバイダー |
| 主な教育内容 | ITのスキル | ITのスキル | ITのスキル |
| 社会スキルの教育方法 | 他機関HKIが提供するプログラムを活用 | AspITでの活動のなかで非公式に自然に身につけさせる | 基本的生活習慣と社会性育成を主要教育目標に挙げる |
| 施設数 | 1 | 10（デンマーク国内9ヶ所、ドイツ1ヶ所） | 14ヶ国 |
| 学生数 | １学年6名×3年<br>18名 | 1学年6名×10ブランチ<br>60名 | 1学年500名 |
| 就業目標 | IT関連。８割の数値目標を達成できなかった。 | 10ブランチで8割以上の目標を達成。 | デンマーク国内で2年間で1000人の就業。 |
| 教育の特徴 | プログラム化された社会性育成 | 高い就業率 | 個に応じた計画でありつつ、年間500人の就業を目標とする |
| インターンシップ | 全課程の1/3 | ３つのうちの大きな柱。受け入れ企業にメンター研修を行う。 | 全課程の1/3をしめる。 |
| 着想・理念 | 不明 | 創業者がASD青年保護者の願いを実現。<br>ASDをfocused talent 焦点が絞られた才能とみなす。 | 創業者の実子がASD。ASDを価値とみなし、その価値を生かせるように環境を調整するべきと考える。 |

**6-5** TECのアスピット、創業者のアスピット、スペシャリスターネの比較

スピット、そしてスペシャリスターネを比較した表である。スペシャリスターネは教育機関であると同時に教育を修了した若者を雇用できるＩＴ企業でもあることが特徴である。

日本にもＡＳＤをもつ人を積極的に雇用し、その特性に配慮した社内環境と構造を用意した会社が生まれてはいる。グリーの特定子会社であるもグリービジネスオペレーションズ(9)はそのひとつである。二〇一二年に訪問した際は、情報の視覚化、カウンセラーの整備などの工夫を行っていることがうかがえた。

## 第五節　教育・訓練と就業の一体化を目指すグレンネスミンネ（Grendesminde）

スペシャリスターネが教育訓練機関であると同時に訓練を修了した若者を雇うことのできる企業でもあるという点で共通するのがグレンネスミンネ（Grendesminde）である。グレンネスミンネは特別なニーズをもつ若者のための社会教育施設であり、生産と教育の両方を提供する社会経済工房である。一九八四年に開設され以来三〇年間運営されてきた。多様な専門スタッフがそろっていることが特徴で、それは鍛冶、パン職人、ソーシャルワーカー、ガーデナー、大工、ペダゴーなどである。二〇〇ヶ所を超えるインターン受け入れ企業との広範囲なネットワークを有することがこの施設の特徴であり誇りでもある。スペシャリスターネとアスピットが知的能力の高いＡＳＤを対象としているのに対し、グレンネスミンネの対象は知的能力が高くない人たちである。

私たちは二〇一五年の九月にこの施設を訪問した。ここはデンマークらしい産業という点からも魅力

**6-6　グレンネスミンネのカフェのある施設「健康ハウス」**

があるように思った。障害のある人たちを年金生活者ではなく税金を払える人に育てる、というのは、アスピットでも強調していたが、デンマークの極めて実際的なスローガンである。グレンネスミンネもそのスローガンに即した訓練を行っている。グレンネスミンネの社長は「コペンハーゲン一おいしいティービアケス（tebirkes）をつくるパン屋を町に出す」という目標を掲げていた。ティービアケスはデニッシュペイストリーの一種である。このとき焼きあがったティービアケスをふるまってもらったが、社長の言う通り大変おいしかった。

その一年後にデンマークを訪問した際、グレンネスミンネのパン屋についてカーステン所長に聞いてみたところ、アルバーツルンの「健康ハウス」（Sunhedshuset）の中にカフェをオープンしたと教えてくれた。パン屋は別の市のトーストルップ（Taastrup）にあり、そこでつくられたパンをカフェで出している。カーステン所長によればグレンネスミンネの食品は一〇〇％エコロギスク（デンマークのエコロギスクは低農薬か無農薬、化学肥料不使用という意味）の原材料を使っている。デンマークではエコロギスク製品は高かったが、それらの生産高が増えた結果かなり安くなった。それでもまだ少し高めだが、おいしいから売れるとのことである。

二〇一五年の社長の宣言通りパン屋を開店し、それが業績を上げているという状況を考えると、税金を払える人に育てるという目標に付随する、「おいしさ」とか「より健康に奉仕する」といった価値に大きな意味があるのではないか。障害や困難を抱える人たちがつくるものを消費者が買うとき、「慈善」を目的にするのではなくその製品が魅力あるものだから、おいしいから、というところに意味があり、それがよい循環をつくり、持続可能な活動となっていくのではないか。

グレンネスミンネが考える「良い生活」の三条件は、安心できること、ネットワークをもっていること、打ち込める何かをもっていることであり、支援対象の若者がこの三条件を満たしてグッドライフを送ることができるようにサポートを行う。

支援対象は、ＡＤＨＤ、ＡＤＤ、自閉症、脳損傷、不適切な養育を受けた人、発達遅滞、不安障害をもつ人、鬱を抱えた人などである。彼らがもつ特徴として、学習困難、社会的／情緒的障害、見通しがきき構造化された学習環境を必要とする、大人による綿密で継続的なサポートを必要とするといったことが挙げられる。

教育の基本におかれているのは、実際的な学習・訓練、ＫＲＡＰ（認知に着目し、当事者がもつリソースにフォーカスし承認する教育）、視覚的教材、認知的・情緒的訓練である。

学生一人ひとりにカスタマイズされたカリキュラムのもとに教育を行い、そのためのアレンジを担当するのが、教師、教育カウンセラー、コンサルタントから成る教育フォーラムである。フォーラムは一人ひとりの学生をアセスメントし最終目標とそれを達成するための短期目標を定める。

一般的な一年間のカリキュラムとしては、導入課程を経て、二〇週×二回のワークショップ期間で様々な実習を経験する。性教育、応急措置、栄養教育といった授業も行われる。その後インターンシップに入る。その他様々なイベントやパーティ、外国旅行なども計画される。一年に一回は市への報告のための現状評価の面接があり、カウンセリングが年二回、目標達成評価は年四回、必要に応じて特別な教育プランや不測の事態への対応策が立てられる。

三年間の課程を終えた学生の進路はパート労働への就業、ＥＧＵへの移行、上級教育などがある。

## 第五節　教育・訓練と就業の一体化を目指すグレンネスミンネ（Grendesminde）

## 第六節　まとめ

この章では義務教育修了後、二年間から四年間のデュアル・システムを活用した教育を経て技術分野・商業分野などで働く人を育てる職業教育、特別なニーズをもつ人たちを職業のラインにのせる教育支援について紹介した。それぞれの潜在能力を最大限に生かして社会に参加し国家経済を支える人材を育成することが、デンマークの教育の本質的な目的である。潜在能力を最大限に生かす、というところが重要な点で、そのために個別的で細やかな手立てが必要な場合はそれを実現していくことが、職業教育でも強調されている。

アスピットとスペシャリスターネについては、ＡＳＤの青年を一般社会に適応するように訓練することよりも、その特徴ある能力を最大限に生かそうとしており、リソース志向的な考え方に特徴がある。スペシャリスターネは青年の能力を生かすために環境を変える必要を強調していた。アスピットはＡＳ

D青年の発達的特性のいくつかを焦点化された能力と評価しそれをIT産業に生かすことを目指す。インターンシップ受け入れ企業に対しチューター養成の研修を行ってASDの実習生への適切で効果の上がりやすい対応法を教える。それが実習の成功の要因となるとともに、ユニバーサルデザイン的な意味でASD実習生のための環境調整が企業のすべての成員にとっても益のあるものとなることが企業において実感されているようである。

これら二つは比較的高い知能をもつASDを対象としている。知的水準が高くない人を対象とするグレンネスミンネもリソース志向的という点では共通しており、また、産出される製品（アスピットとスペシャリスターネにおいては技術）が一般消費者や一般企業にとって益をもたらすもの、価値あるものであることを目指すという点も共通している。

障害・特性の受容（そのままでいい）、そして社会適応のための訓練（最低限身につけなければいけないこと）。これらは相克する可能性がある。両者のバランスをどう図って障害をもつ人の社会への参加を可能にしていくか、デンマークで出会った障害をもつ人たちの訓練機関はその点を注意深く扱いながら、新しい試みを具現化する努力を続けていた。障害を受け入れる側の社会（環境）の認識の変容を促すこともまた重要であろう。

第六章　注

（1）青木真理・谷雅泰・加藤陽介・馬場雅人・濱名香織・正木恵理子・渡辺麻貴「デンマーク教育事情視察報告」『福島大学地域創造』第一七巻、二〇〇五年。

（2）三浦浩喜・谷雅泰・青木真理「デンマークの若者支援―若者へのインタビュー」『福島大学地域創造』第二〇巻第二号、二〇〇九年。

（3）デンマーク教育省『職業教育訓練（VET）の改革―デンマークの職業教育システムの概観』。このパンフレットの日本語訳は谷雅泰が行った日本語訳を参考にしている。

（4）KUUは二〇一七年現在すでにスタートしている。青年期教育をドロップアウトした青年のKUUへの橋渡しはガイダンスセンターが担当する。

（5）STUについては以下の論文にその日本語訳を掲載している。青木真理・谷雅泰・杉田政夫「デンマークにおけるアスペルガー症候群の若者を対象にしたIT教育のコースについて―AspIT とHKI への訪問調査」『福島大学地域創造』第二五巻、二〇一三年。

（6）青木真理・杉田政夫・谷雅泰「デンマークの AspIT（アスペルガー症候群の若者を対象にしたIT教育のコース）について―AspIT 創始者へのインタビューを中心に」『福島大学地域創造』第二六巻第一号、二〇一四年。

（7）（5）に同じ。

（8）青木真理・髙橋純一・谷雅泰「デンマークのASD者就業支援の一例について―Specialisterne 訪問調査から」『福島大学地域創造』第二八巻第一号、二〇一六年。

（9）（6）の論文の中で言及している。

なお、デンマークの職業教育についての最新研究には以下のものなどがある。

・岩田克彦「デンマークの職業教育訓練―現状と課題」『技術教育学の探求』第一四巻、二〇一六年。

・嶋内健「デンマークにおける初期職業教育―制度の概要とガバナンス」『技術教育学の探求』第一二巻、二〇一五。

補章

# デンマーク、東日本大震災、そして日本の教育

## 第一節　はじめに

私が、同僚の谷や青木たちとデンマークを中心とした北欧の教育研究を始めたのは二〇〇六年だった。私の専門は学校現場を対象とする美術教育実践で、近年の教育改革で美術や図工の時数が削減さ

れ、子どもの文化そのものが美術表現から距離を持ち始めており、新しい実践もなかなか生まれず、美術教育ばかりか学校教育そのものにある種の閉塞感を感じていた頃だった。二〇〇三年にイタリアのレッジョ・エミリア市の「世界一の創造性教育」と言われる幼児教育に触れ、それが唯一の教育への希望と感じていたころ、美術教育に限らず、教師教育やカリキュラム学に研究フィールドを広げていた私が、無責任に海外からの「黒船」を待望していた頃でもあった。

二〇〇六年は我が国では「ＰＩＳＡショック」が吹き荒れる前後で、学校現場でもあらゆる教科に言語活動が無理矢理導入されたり、教員や研究者のフィンランド詣が活発になったりした頃だった。そのような中誘われた同じ北欧のデンマークではあったが、当時私の関心に全く接点がなく、その教育の位置づけもわからず、必ずしも大きな期待を抱いていたわけではなかった。が、このデンマーク研究が一つの起点となって、欧州諸国の教育への関心が一気に高まり、現在は大きな意志をもって全く別の形で研究と実践に関わっている。

この約一〇年間、二〇〇八年には百年に一度の経済危機と言われたリーマンショックが世界を駆け巡り、二〇一一年には千年に一度の大災害、東日本大震災が東北を襲い、我々は被災者として生きることを余儀なくされ、そして二〇一七年の現在、英国がＥＵを離脱し、米国にトランプ政権が誕生し、世界が揺さぶられ続けた特別な一〇年を駆け抜けてきたと言える。

本論は、他の論者とは異なるスタンスで、すなわち十分な専門性や体系的な研究によらない、実体験をもとにした肌感覚でこの一〇年間を綴ることで、日本の教育を照射したいと思う。

## 第二節　入り口としてのデンマークの学校

前述したように、私はデンマークに対する予備知識はほとんど持ち合わせないまま、コペンハーゲンに飛んだ。とりあえず飛行機の中で付け焼き刃の現地知識を身につけ、先に研究を始めた谷、青木の後ろに隠れるようにしてコペンハーゲン周辺の教育関係施設の視察につきあわせてもらった。

デンマークの学校建築はいずれもが個性的で、日本の画一化された学校建築とは全く思想が異なる。全身を銀色に輝かせた今にも宇宙に飛び立ちそうな宇宙船のような校舎があれば、おとぎ話に出てくる村のような小さな建物の集合体の学校もある。もちろん建築基準はあるのだろうが、建物はいずれもがその土地や人々に合わせてつくられている。デンマークの教育権は、教育を受ける権利ではなく「学校をつくる権利」と本で読み、それは少々「盛られて」いるのでは、と思っていたが、現実に本の通りだった。「水平な国」デンマークにおいて、様々な子どもたちのギャップを埋めるために学校は機能し、同時に子どもたちは個性を伸ばす。土地が水平であるばかりではなく、人の手で教育体系と福祉体系を築き上げ、精緻な「水平」をつくり出していた。

日本では標準化の度合いの強い義務教育も、デンマークでは個性的である。学校中の黒板を電子黒板に変えてしまった学校があれば、「学び」に「場」と「動き」を取り入れ、自分の好きな場所に移動して子どもたちが好きな格好で勉強する学校もある。

中学校のカリキュラムの枠組みは日本と大きく変わりなさそうだが、その授業の中身の多くはプロジェクト型となっていた。例えば、女子生徒たちがグループでパソコンを囲んで、様々な絵画の資料を集めているので、美術の授業かと思えば、国語で作家研究のプレゼン制作だという。教師は作業中の生徒を一人ひとり教室の外に呼び出し、どうやら生活態度について指導を行っていたようだった。

別の中学校の国語の授業は、教育実習生の授業だった。デンマークでは優秀と認められた教育実習生は単独で授業を任せられることもある。授業では、ファーストフードのハンバーガーを延々と食べ続け、肥満となり手術するドキュメント映画「スーパーサイズ・ミー」のビデオを鑑賞させ、映画の内容についてのディベートを行っていた。女性の実習生はどういうわけか、授業の間中ずっと足でボールをもてあそんでおり、この一点を挙げただけでも日本との教育の価値観の大きな開きを感じる。それよりも重要なのは、実習生の授業を参観している指導教員が授業中も実習生の授業の進め方について生徒の前で意見を述べたり、指導教員が生徒を指名したりしている点である。日本の教室は一人の教員と児童生徒の聖なる空間であり、そこに他人が介在することはなく、授業の参観者はあたかも自分の存在を隠すように沈黙を守る。

デンマークでは教育実習生は歓迎され、学校教育になくてはならない若いパワーとして位置づけられている。日本の教育実習生が「実習公害」として迷惑がられているのとは全く異なる。当時のデンマークではまだ教員養成は国立の師範大学に任されていたようであるが、教科内容よりもはるかに教師としてのコンピテンシーを重視していた。一人ひとりの子どもたちを観察したり、瞬時に異変を察知する目、子どもたちをやる気にさせる言葉かけなど、日本との共通点も見られる。

私たちが訪問したデンマークの学校の職員室は、まるで喫茶店のように、丸テーブルと椅子だけが置かれてあり、授業を終えた教師たちはコーヒーを入れて、テーブルで話し合う。日本の学校の職員室につきものの対面のデスクと隔てる資料の山は、すべて壁の収納スペースに収まっており、書類らしき書類は壁に貼ってあるものくらいである。この職員室の環境が教師に心理的余裕を与えているように感じられる。

デンマークに限らず、ヨーロッパの小中学校は個々の教師に多くの権限を与えており、一人ひとりの教師によってカリキュラムが編まれる。一方で社会の中で学校が担当すべき箇所が明確化されており、地域社会との連携が重視されている。

この、学校と地域社会の関係の差異は重要である。デンマークなど欧州の学校は学校と地域社会が同じレイヤー（層）に位置づいており、ちょうどジグソーパズルのピースのように、両者はお互いの形によって自らの形が規定される地と図の関係になっているような気がする。学校がはみ出ればその分だけ社会は引っ込むことになり、社会が出っ張ればその分学校が小さくなる。参観した授業一つとっても、教材は現実からとられたものが多く、教育は常に現実社会の方を向いているようだ。それに対し、日本の学校は地域社会と学校は別のレイヤーに身を置いており、社会がどうなろうが、学校が何を考えようが、お互いに交わることはほとんどなく、文字通り別次元のものと捉えられている。

## 第三節　デンマークの若者たち

デンマークは一九九〇年代頃から「幸福度世界一」の国として日本でも知られるようになった。二〇〇〇年代に入って、OECDのPISAが世界の教育基準となりつつある中にあってもなお、「PISAで世界一のフィンランドの子どもたちよりもデンマークの子どもたちの方が学校が好きだ」「幸福はPISAの得点じゃない、今にわかる」と教師たちは言っていた。

そもそもヨーロッパ一帯は一九九〇年代に深刻な経済危機を体験し、若者たちの失業率が二〇%を超えるという大変な時代を越えている。EUは「ユースワーク法」をつくり、各国は若者支援の仕組みをつくることになる。多くの国が選んだセーフティネットは、「学校と職場」を強靭に結びつけ、キャリアサポートの仕組みを構築することだった。デンマークでは、学校と職場を結びつける第三者機関「若者センター」を町のあちこちに設置し、キャリアカウンセラーが学校に行って教育やカウンセリングを行うばかりでなく、成績の管理まで行いながらすべての生徒たちに労働市場への参入を促した。

デンマークなどの北欧諸国は、フレキシブルとセキュリティを掛け合わせた造語「フレキシキュリティ」を労働政策の柱として掲げ、他国にも影響を与えてきた。フレキシキュリティは労働市場を流動化させることによって活性化させ、良質の労働力を生む仕組みと言っていいだろう。雇用主は労働者に対して職種が合わないと判断した場合、いつでも雇用を取り消すことができ、失業した労働者は失業手当をもらいながら次の職場に入るための職業訓練を受けることができる。ある意味、労働者は自分にぴったりマッチした職場に出会えるまでいくらでも職場を変えることができる、という制度である。しかも、そのように複数の職業を渡り歩いた労働力は一つのことに専念してきた労働力よりも良質と考えられ、今日の産業構造にイノベーションをもたらす優秀な人材として受け止められる。もちろん実際には、いたずらに職場を変えている人たちも少なくないようではあるが。

一つの仕事に生涯をかけることが当然視される日本――もっとも我が国でも雇用の不安定化が進み、そうした生き方は若者にとってリアリティをもつものとは言えなくなっているが――、そうした日本に比べれば、職業選択の機会が途方もなく広い同国を日本の若者たちはうらやましがるだろう。

「幸福度世界一」を支える思想はヒューマニズムであり、「労働者として一人前になること」が社会の目標として共通認識されている点ではないかと考える。多くのヨーロッパ人は労働にプライドをもっており、日本のサービス残業のような形で安売りはしない。イタリアでは今でも何の前触れもなくショーペロ（ストライキ）が起こり、われわれ観光客が混乱しようが何しようが、「大変なのはこちらも一緒だ」とばかりに、無愛想に職場を離れる。人々が教育によって労働者となって納税することが、社会を再生産するサイクルとして強靱に位置づけられている。

例えば、ある職業訓練校に行くと、そこには最新鋭のコンピュータが並んでおり、あまり品がいいとは言えない生徒たちがネットワークを介したコンピュータゲームに没頭している。「これはどういうことか?」と聞くと、彼らの多くは放置しておけば非行少年となる生徒たちで、ここに収容しなければ、社会は少なくない被害を受けることになり、その賠償額もバカにならない。ここに生徒たちを集めるだけで、マイナスになることだけは防げる。さらにこの教室には年額五〇〇万円ぐらいで雇用しているコンピュータゲームの専門家がおり、ゲームに明け暮れる彼らはやがてゲームをクリエイトする側にまわり、しっかりとした納税者になる。彼らの中の誰かが就職しないと、納税額はゼロ、いやむしろ社会保障費が圧迫しマイナスになる。だから、彼らが若いうちの教育投資は必ずや国家にとってプラスになるというバランスシートによって成り立っているのだ。

デンマークばかりではなく、多くの欧州諸国では学校と職場のみならず、様々な学校間に橋が掛けられている。例えば日本で言えば、職業高校に進学した生徒の進路はほぼ就職に限定されており、大学進学はわずかな枠を利用できる生徒以外には固く閉ざされている。それに対して、デンマークなどの国では、一度就職した問題意識を高めた者が大学に進学したり、職業訓練校から技術大学に進学したりと言った、様々な学びの機会が社会に開かれている。そもそも日本特有の「社会人学生」という言葉は諸外国にはなく、学生と言えばストレートマスターばかりではなく自ずと社会人も含まれている。

デンマークの若者たちの多くは、高校を卒業した後、サバトーと称して、安い宿などを見つけて一年近く他国を転々と旅をする。大学に進学する前に異なる社会の現実に触れて、大学で学ぶ上での問題意識を育てることが目的だという。日本の学生の多くが卒業旅行と称して海外に行くのとは全く意味が違う。

デンマークでは、若者センターと職業訓練校が協力し合いながら、ドロップアウトした若者たちを社会に再接続しようと様々な教育機会を提供している。とりわけ、日本ではマイナーな職業訓練校がこちらでは極めて活発で、若者たちを集めている。職業訓練校は、日本と同じように板金や調理、各種工芸、医療福祉、中にはデンマーク王室御用達の陶器メーカー、ロイヤルコペンハーゲンの絵付けまで、あらゆる職業訓練が準備されている。デンマークでは喫茶店のウェイトレスに至るまでおおよそすべての職業が資格化されており、一定のスキルを身につけない限り就職はできない。若者たちは障がい者も含めて、能力に応じて様々な技術を学び、職場を得ることになる。

その中でも印象的だったのは、芸術の職業訓練校である。日本で芸術と言えば、あくまでも才能に恵まれた者の個人的な活動という印象が強いが、ヨーロッパで芸術は個人と社会をつなぐ重要な絆と考えられている。私たちが訪れた職業訓練校では、絵画やデザイン、作曲、楽器演奏、演劇の俳優、戯曲、ファッションデザイン、イベントデザインなどが準備されていた。中でも花形に位置づけられていたのはサーカスだった。若者たちは公演に向けて準備と練習に勤しんでいた。彼らには強い誇りが感じられた。

デンマークでは芸術家は芸術家組合に加入することになっており、これによって国から一定の支援を受ける仕組みになっている。芸術家は特別な才能をもった一部の人間ではなく、労働者であり、その技はしっかりと個人と社会を結びつける。北欧デザインの背景にはこのような芸術家に対する手厚い支援があるのだ。

数回の及ぶわれわれのデンマーク訪問を、いつも喜んで受け入れてくれたのは第五章にも登場したベニー氏であった。彼はデンマークの職業教育を語るときにパウロ・フレイレを持ち出した。フレイレはブラジルの教育学者・識字学者で「エンパワーメント」という言葉を創り出し、成人教育のあり方を定義し直した重要人物である。フレイレにとって言語とは、世界を「意識化」するためのツールであり、言語の獲得はすなわち自らの世界を拡大し自立に結びつける活動なのである。ちなみに、フレイレの名前は、後日フィンランドで出会った若者センターの演劇ワークショップのファシリテーターも語っていた。

職業教育というのは直接的には就職するための技能を獲得することに他ならないが、他方では政治や経済、文化を突き放しながら、職業技術の獲得を通して常に自ら新しい世界のあり方を考え続けることでもある。

最後に、一連のデンマーク研究で最も印象に残ったものを紹介してこの節を締めくくりたい。それは、デンマーク北部にある一〇年生クラス学校、シェスールン・エフタスコーレである。一〇年生クラス学校というのは、日本で言えば中学を卒業した後、希望の高校に入るための学力が足りなかったり、どの高校を選択したらいいのかわからない生徒たちのために、学力補充やインターンシップのための一

**補-1　シェスールン・エフタスコーレ10年生クラス学校**

年間を過ごす権利が与えられる制度である。デンマーク全体では一六％の生徒がこの一〇年生クラス学校を活用しており、コペンハーゲン近郊の一〇年生クラス学校を訪問したおり、「日本にはこのような制度は存在しない」というと「信じられない」の一言。日本でも「一五の春は泣かせない」といわれるほど、多くの生徒が初めて出会う高校入試は大きなハードルとなっており、「一五歳」にストレスが集中することは他国も同じである。しかし、とりわけヨーロッパでは、このような制度を設けることによって、そのストレスを最大限に低減し、しわ寄せを分散化しようとする努力が続けられている。デンマークの教育を見聞して、もっとも日本に持ち帰りたいと思ったのが、この一〇年生クラス学校だった。

さて、デンマーク北部にある一〇年生クラス学校は、広大な農場を買い取って学校に改造した校舎を持ち、緑の中にひっそりとたたずむ、どのアングルでカメラを構えても絵になってしまう、アンデルセンの童話に出てきそうな風情のある学校である。全寮制で、学校全体が家族的に構成されており、他国でいじめに遭ってここに来たという生徒は、ここの空気にしっかりと癒されているようであった。机に足を投げ出して授業に臨む姿はさすがにいかがなものかと思ったが、過度に大人びていることもなく、子どもっぽすぎることもない、じつに一五〜六歳という年齢にマッチした等身大の学校生活がそこにはあった。

私がデンマークをイメージしたときにまず出てくるのがこの学校の風景だ。デンマークの教育の特長は私なりに「しなやかさ」と「ヒューマンスケール」と考えているが、そのシンボルとしてこの学校風景は心に深くきざまれている。最もデンマークの幸福感を象徴する学校と言っておきたい。

しかし、二〇〇八年のリーマンショック以降、デンマークはそれまでの教育福祉政策を大転換させ、非効率的な事業を縮小していくことになる。高福祉政策をとってきた北欧諸国は、一〇〇年に一度とも言われる経済危機を乗り切ることができるのかどうか、後半のデンマーク研究の中心的なテーマとなるはずだった。しかし、私のデンマーク研究は、思いもかけず、突然に終了を余儀なくされる。東日本大震災の経験と、ＯＥＣＤとの出会い、そこから教育改革への伏線、とテーマは輻輳し、複雑化していく。

## 第四節　東日本大震災と学校、子どもたち

二〇一一年三月一一日、東北一帯はマグニチュード九・〇の巨大地震に見舞われた。岩手県から福島県までの東側の海岸は、最大二六・七メートルの津波が襲いかかり、死者、行方不明者二万人という歴史的な惨事となった。加えて福島県の海沿いに面する双葉郡に立地していた東京電力福島第一原子力発電所が、津波の直撃を受けて冷却機能が失われ、一号機と三号機が水素爆発を起こし、メルトダウンした原子炉は、辺り一帯を放射能で汚染した。フェイズ七の世界規模の大災害となった。

当時私は愛媛県に出張中で、帰路の電車の中では地震の揺れすら感じていない。地震発生直後に電車が停車し、その日は大阪まで、次の日は宇都宮までなんとか戻り、三日目にタクシーで福島の自宅まで戻った。北上する国道四号線はあちこちで道路が裂け、福島に近づくにつれて倒壊した建築物が目立つようになる。南下する対向車の多さに気づいてはいたが、その多くが原発事故からの避難者であること

を知ったのは、少し後のことであった。

大学は卒業式も中止となり、晴れの舞台で卒業式を迎えるはずだった多くの学生たちは、一〇日間も風呂に入ることなく、学内に設けられた避難所の運営にあたった。福島県の内陸部には原発事故からの避難者が詰めかけ、数限りないボランティアや支援者が集まり続けた。

マスコミでは東北人の我慢強さが大きく取り上げられ賞賛されたが、われわれが見た避難所の現実はそのようなものばかりではなかった。ふるさとからも学校からも追われ、避難所で避難生活を送る子どもたちは、ときに激しく荒れ、ボランティアの私の教え子たちは青あざだらけになっていた。その悲惨な子どもたちは、避難所生活をあたかも修学旅行のように「楽しんで」いた。実際、それまで家の壁の内側に封じ込められていた様々な家庭内の問題が避難所全体にあふれ出し、一週間、二週間、一ヶ月……と避難生活が長引くにつれ、その悲惨さの度合いは深刻化していった。ここにいてはまずいと察した子どもをもつ親は、次々と温泉旅館などの二次避難所に移っていった。

当時、学部の執行部にいた私は学生ボランティアの統括の任を受けていた。そもそも福島大学の学生は自らも被災者であるにもかかわらず、その学生をボランティアに駆り立てていいのかどうか、その判断は極めて悩ましいものであった。結果的に、教員と学生がペアになって避難所の子どもたちの面倒を見るという形で実施することとなった。学部生だけで一二〇名以上の学生ボランティアは県内数ヶ所の避難所に出向き、子どもたちの遊びや勉強のボランティアを行い、それぞれの避難所の様子を情報交換しながら、日ごとに変わっていく避難所の状況に対応しようと努力した。

避難所の子ども支援と同様に私が重視していたのは、他地域から避難してきた子どもたちの状態であった。原発事故による避難者は海端から内陸部に避難し、避難所の近くの小学校や中学校に区域外通学していた。もともと四〇人ぐらいしかいなかった福島市郊外の小学校に五〇人以上の避難児童が入ってきて、学校が全く別のものに変わってしまったところもあった。しかしながら、多くの学校の避難児童生徒は、本校の子どもたちと区分けされたり、特別な対応がとられることもなく、場合によってはいじめなどにも遭いながら、ただ我慢して通学するしかなかった。後に本校が再開し戻ることになった女子生徒がテレビのインタビューに対して「これからは周りに気を遣わないで、学校生活を送ることができるようになるのでよかった」と答えるのを見て涙が出た。

また一方で、学校教員の定数は児童生徒の数によって決められているため、海沿いの津波の被害に遭った学校や原発事故で多くの児童が避難で外に出てしまった学校では、一時的に教員数が「余って」しまうことになる。教育行政は、児童生徒の避難先に教員を兼務で異動させ、標準法に沿わせる。しかし、子どもが減った学校ほど様々な困難を抱えており、むしろ教員の数は通常より必要になる。しかしそうした現状を無視して教員を異動させた結果、県内の学校現場は大混乱に陥った。兼務教員となって派遣された数百名の教員は、多くの場合責任ある仕事を与えられることもなく、鬱状態に陥る者も珍しくはなかった。

最も悲惨だったのは、その年福島県の小中学校の教員採用試験は中止となり、ボランティアなどで子どもたちを献身的に支えてきた学生たちが福島県の教員になる道が一時的にせよ、閉ざされたことであった。学生たちは激しく動揺した。

一連の震災直後の学校を見て、痛感したのは「日本の学校のもろさ」だった。

## 第五節　大震災から見えた日本の子ども・学校

おおよそ半年間の支援活動の中で、子どもや学校の断面を様々な形で見てきた。それは教育研究をしてきた私にとって、極めて重要なターニングポイントにもなり得るものであった。いくつか視点を挙げてみる。

一つに、被災した子どもたちがしばしば口にする「普通であることのありがたさ」の意味である。もちろんそれは日常生活を支えるライフラインが破壊されたときに、その人間関係やコミュニティを含めたライフラインのありがたさを感じたという意味であろう。しかし、それはさらに深掘りすれば、子どもたちの日常は数限りない不可視の関係性の集合体であり、ふるさとも学校も家族関係も奪われ、あらゆる関係性が崩れたときに、子どもたちはどのようにして修復するのか、という疑問である。

二つ目に、避難した子どもたちの学校生活は決して幸福なものではなかったが、それは避難所のコミュニティの中でも同じだった。これまで当たり前にあった子どもたちを見守る「まなざし」がどこにもなく、ボランティアを含めて、断片的・流動的な人間関係のなかで生活せざるを得ない。痛感したのは、学校マターと福祉マターがまったくつながらず、最悪の場合、子どもたちはその二つの間でたらい回しにされることになる。この教育と福祉の融合、もしくは連携こそが最も重要なテーマなのではないか、と思ったのはデンマークを旅してきたからなのだろうか。

三つ目に、日本の学校の特殊性である。それは次に述べるＯＥＣＤとの出会いによってかなり意識化された部分でもある。震災後、多くの自治体は学校再開に極めて多くのエネルギーを費やしている。生活基盤を再生させることを最優先させるべきで、拙速に学校を再開させたところで何の意味もないもの、と思っていた。しかしそれは誤りであった。学校再開を喜ぶ子どもたちの声が何よりもそれを証明している。一連の学校再開で痛感したのは、日本の学校は子どもたちに勉強を教えるのみならず、通常通り営まれることによって、親や地域社会に極めて大きな「安定感」を提供する。日本の学校は社会の安定の強力なシンボルなのである。

最後にもう一点だけ挙げれば、こうした大きな天変地異に学校はどう対応できるのか、というクエスチョンである。学校再開直後、知り合いの若手教員に会い言葉を交わした。「震災後、支援へのお礼の手紙を書かせたりしたが、すぐにネタは尽き、毎日ドリル学習をしている。こんな時期にこんなことをしていていいのか、と思うが他にやることが思い当たらない」。じつに本質を捉えた言葉だと思った。日本の学校は通常モードと緊急モードの二つは備えているが、その間をつなぐものがない。デンマークが同じような災害に遭うことはないだろうが、現実の諸問題を教材化することに長けた彼らなら、もう少し別のことを考えるのではないかと思ってしまう。

## 第六節　ＯＥＣＤとの出会い

震災ボランティア活動も、避難所から仮設住宅へ拠点を移動し、学生組織の再編作業を行っていた震災の年の一一月、私たちはＯＥＣＤ（経済協力開発機構）教育・スキル局の訪問を受けた。ＯＥＣＤとして被災地の支援に乗り出したいので、協力してもらえないかという内容であった。ＯＥＣＤは学校現場で言えばＰＩＳＡで知られる、三五ヶ国の加盟国からなる世界最高のシンクタンクである。世界中からデータを集め分析し、政策提言を行ってきた同機関が、直接的な形で一国の支援に乗り出すというのは異例中の異例である。それはこういうことである。シンプルに言えば、「日本は震災のみならず人口減少や少子高齢化で、世界に類を見ない課題を抱えているにもかかわらず、教育改革が遅れている。千年に一度の被災を一つのきっかけにして、地域復興の担い手を育てるプロジェクト学習を一緒につくる、これを教育改革に結びつけていく、というアクションリサーチをしたい」という内容であった。

私の中では被災地支援と教育実践を一度に行うことができ、かつ世界のＯＥＣＤの監修の元で進められるというのはまたとないチャンスと考え、「可能な範囲内で協力する」と返答した。プロジェクトの名前は「ＯＥＣＤ東北スクール」、二年半の間に様々な学習を行った被災地の高校生たちが、最終的にフランス・パリから東北の魅力を世界に向けて発信する、という桁外れの国際プロジェクトだった。気がつけばプロジェクトの統括責任者の大役を押しつけられてしまっていた。

プレイヤーは生徒のみならず、学校教員、行政、企業、ＮＰＯ、海外諸機関、大学研究者で、新しい教育を創り出すための「セット」が主人公である。当初は、まさに異種格闘技の様相を呈し、とりわけ、何もかも学校の論理で処理しようとする教員や教育行政と、企業やＮＰＯなどとの対立や摩擦が深刻化し、何度危機的な状態に陥ったかしれない。そうした摩擦を解消させたのは、生徒たちのめざまし

**補-2**　OECD東北スクールの最終ゴール「東北復幸祭〈環WA〉in PARIS」（2014年8月）

い成長だった。復興の担い手としての資質、それはとりもなおさずOECDらが提唱する二一世紀型能力に他ならず、生徒たちは各界のエキスパートのインプットを心地よく受け止め、学校や地域、様々な国内外機関を巻き込んでいった。

二〇一四年八月三一日、無数の困難を乗り越えて、パリ、エッフェル塔下に広がるシャンドマルス公園、そこに設置した特設ステージから東北の高校生たち八四名は、震災を語り、OECD東北スクールの取り組みを語り、自らの未来を語った。二日間で一五万人もの来場者を得、プロジェクトは大成功を収めた。このプロジェクトの成功は、思いがけないところへつながっていく。

PISAはOECDキーコンピテンシーを計測するツールであるが、そのキーコンピテンシー自体がつくられて二〇年近くになり、社会の変化にも対応させ「能力の再定義」が必要な時期を迎えていた。ＯＥＣＤ本部から東北スクールを支えていたアンドレアス・シュライヒャー教育・スキル局長は、二〇一五年、ＯＥＣＤ東北スクールの成果も含めて、ＯＥＣＤキーコンピテンシーを一からつくり直すプロジェクト「Education 2030」を立ち上げた。現キーコンピテンシーは「道具的知識」「異質なものとの交流」「主体性」を中心に組み立てられているが、いずれもがスキルとしての性質が強い。西洋のみならず東洋の、とりわけ日本の「知・徳・体」なども参考になるのではないか、ＯＥＣＤ東北スクールの生徒たちが頑張ることができたのは「地域をなんとかしたい」という思いからではないか、そうであれば「エモーショナルクオリティ」（感情特性）もカテゴリーに入れよう、ＯＥＣＤが掲げている「ウェルビーイング」も採り入れたら……、といった具合に議論を重ねてきている。日本を含めた各国のセミナーやハーバード大学のカリキュラム改革センターなどで知見を集め、四年掛けて再定義を行う予定である。いずれにしても「能力の定義」はむずかしいとしている。

デンマークの一〇年生クラス学校の先生が言った「ＰＩＳＡだけが教育じゃない」という言葉が思い起こされる。キーコンピテンシーの改訂は、むしろこちらに向かっているように思える。

## 第七節　おわりに――再び日本の教育

大震災とＯＥＣＤのプロジェクトを経由して、デンマークの教育にソフトトランディングを試みようとしているが、それはそう容易なことではない。この約六年間欧州は、リーマンショック、ギリシャ問題、シリアを起点とする難民の受け入れ問題、イギリスのＥＵ離脱、米国のトランプ政権の誕生、と大きく変貌を遂げている。少なくとも一〇年前に私のイメージの中にあった「成熟した国家によるバランスのとれたデンマークの教育」の姿は希薄になりつつある。世界に影響を与えたと言われるＯＥＣＤキーコンピテンシーの改訂作業は、こうした社会の変化への対応、いやむしろ先進国が同じように直面している国家や経済の危機にどう向き合っていくのかという深刻な背景によるものだが、反グローバリズムがちらつき始めている今日において、その機能すら曖昧になる可能性がある。

二〇一六年三月に、ＯＥＣＤの関係でミュンヘンの高校とオランダ・マーストリヒトのイエナプランの学校を視察してきた。イエナプランは以前からシュライヒャー氏が「最も教育プロジェクトとして成功した例」と述べており、ぜひ見ておきたいと思っての訪問である。学校はともかく、二つの街のコントラストに驚愕した。難民に対して厳しい姿勢をとるオランダはどこにいっても平和そのもので、その静謐な町並みに精神的な豊かさを垣間見ることができた。首都アムステルダムはコペンハーゲンのモデルだったこともあり、強い親密さを感じた。それに対してミュンヘンは難民に寛容なドイツの入り口とあって、夜のミュンヘン中央駅周辺は異様なほどに無数の難民らしき人々が路上にあふれており、身の危険を感じないわけにはいかなかった。

デンマークはEUの中では、前者のグループに属している。第二次世界大戦の反省から生まれた理念に沿ってEUは結成された。そのEUがぐらついたときに、デンマークはどうなるのか、私には何ら予想する手立てはない。

OECD東北スクールのところで、現場教師と他との摩擦を述べた。プロジェクト学習は生徒の試行錯誤の連続なので、常に変化に対応してもらいたいというわれわれの要求に対し、学校の教員は子どもたちの命を預かっている以上、計画にないものはできない、というのがしばしば衝突する主張だった。私はもともと中学校の教員だったので現場教員の立場は痛いほど理解できる。しかし、学校現場の教員が混乱を招く可能性のあるものを可能な限り除去し、時間や空間、人をきれいに分け、「異物」が混入しないように細心の注意を払うことが、混沌としたこれからの社会を生きていく生徒たちにとってどうなのか。学年や教科、能力、時間割、教室が実は生徒の能力を囲い込んでいるのではないか。

ＯＥＣＤ東北スクールの生徒たちに、最も学びに役に立ったと思われるものを挙げさせたところ、第一に異学年との交流、第二に他地域の生徒との交流、第三に地域の未来に関する議論、第四に地域の人たちとの交流だった。興味深いのはいずれもが学校が不得意とすることばかりで、異質との接触や曖昧さが含まれている。私たちはこうした異質との接触をよく「化学反応」と呼び、プロジェクトを前に進めるために不可欠な教育的な現象に位置づけていた。

こうした化学反応の重要性は、デンマークなどの国がとる「フレキシキュリティ」の考え方と重なっている。既存の経済や産業に収まらない新しい考え方や技術を生み出すためには、労働市場を流動化させ化学反応を起こさせることが必要というわけである。

約二〇〇年前のイギリスで起こった産業革命時、技術の進展に教育が追いつかず、教育が機能しないことによって社会は「痛み」を抱えることとなった。その後、近代公教育が起こり、教育は新たな技術を生み出す源となり、社会の繁栄を先導したと言える。しかし、第四次産業革命とも言える現在、再び教育はＩＣＴなどの先端技術に追いつくことができず、学生たちは学びの意味を見出すことができず、学校教育は社会からの信頼を失い、再び社会的「痛み」を生む原因となった、とされている。教育の目標を社会の目標につなげ、教育に改革をもたらすことによってしか、この「痛み」を解消することはできないだろう。ＯＥＣＤがキーコンピテンシーを根底から変え、文科省が二〇二〇年に向けて学習指導要領を改訂した背景には、こうした強い危機感が横たわっている。

異質の接触には混乱がつきまとう。しかしブレーンストーミングのように、芸術活動のように、その混乱の中からしか新しいものは生まれない。学校教育が再びこの創造的な機能を再生させるには、壁を取り払い、子どもたちを一時的に混乱の中に投げ込むことも必要になるかもしれない。

社会は変化し続け、その変化の度合いは加速度的に大きくなりつつある。学校教育は社会に揺り動かされるのではなく、社会変革を先導する役割を担っている。東日本大震災とＯＥＣＤプロジェクトの混沌の中で、そして何よりデンマークの「しなやかさ」と「ヒューマンスケール」の教育の中で、そう確信するに至っている。

# おわりに

私は高校卒業後大阪外国語大学デンマーク語科に入学して四年間デンマーク語を学んだ。卒業後、進路変更して臨床心理学を学び、福島大学で教鞭をとる現在に至るのであるが、とにかく最初の大学教育ではデンマーク語を専攻した。しかし卒業後はデンマークと何の関わりもなく過ごしてきた。大阪外国語大学を卒業した年の夏にデンマークをひとりで旅行したときは、物価の高さとこじんまりとした街並みだけが印象に残り、小さくまとまった面白くない国、これから変わっていく可能性も低い国、と決めつけて、デンマークについての関心も特にもつことなく二〇年が経過した。ところが、二〇〇五年にデンマークの学校などを視察する旅行に参加して、今まで知らなかったデンマークに目を開かれ、先入観でデンマークを評価していたことを大いに反省した。それ以降毎年のようにデンマークを訪問することになったのである。四年間勉強したとは言っても、話したり聞いたりする能力はあまり身につかなかった上に二〇年も離れていたデンマーク語であるが、訪問先で英語に加えてデンマーク語を話すと、相手が驚き、そして少し喜んでくれるようにも見えて、錆びついたデンマーク語会話力でも訪問調査には役立った。読むことは会話よりはできるので、デンマーク語で書かれた文献を読むこともある程度できて、それが本研究には生きたと思う。

二〇〇五年から始まったデンマーク訪問で感じたデンマークの魅力は、バイキング時代の版図拡大から小さな国土で工夫して生きることに転換後、よその地域にない独自の価値を創出しそれを深化させてきたことである。それは人々の暮らし・幸福に関していえば、ヒュッゲ（hygge　居心地のよさ、という意味）という価値がまず挙げられよう。経済的な豊かさや立身出世よりも、豊かな人間関係・家族関係を基礎に心理的・社会的に豊かな暮らしを大切にすること、と言ったらよいだろうか。それにはシンプルで調和のとれたデザインの家具や建築、食器、テキスタイルなども関連する。私たちが視察した教育関係でいえば、上級学校に行くのを延期してアルバイトや世界旅行をするサバトーという習慣は、他者との競争や社会が要請する速度によって自分の価値を決めるのではなく、自分のペースで自分の関心を大事にして生きることを示しているとも思う。若者の進路選択についても一〇年生学校、エフタスコーレなどのオルタナティヴな学校があり、ドロップアウトした若者へのサポートについても、本書ではあまり触れられなかったが、生産学校がある。職業選択にしても、ひとつの職業を全うすることに価値は置かれず、労働条件や労働者の関心などによっていくらでも選択し直すことがごく当たり前である。これまでの日本ではブランクを置くことなくレールに乗り、なるべくそこを外れないことに重きを置かれる傾向があったから、レールを外れたときの新たな進路選択には相当な困難を伴う。それに対してデンマークは何度でもやり直しができる国、再チャレンジが保証される国という印象をもった。

しかし、訪問を始めたころはわからず数年後に気づき始めるのだが、デンマークは大きな転換期の中にあった。一九九〇年代初頭から始まる教育と若者支援の改革は、義務教育学校卒業後の若者の進路選択支援にとどまらず、デンマークの伝統的な教育制度や考え方にも及ぶ大変大きな改革であり、またそれは二〇一七年現在もまだピリオドが打たれず新たな改革案が出され続けている。すべての人をそのコンピテンスを最大限に発揮し税金を払える人に育てるため、大変細やかな制度がいくつもつくられ続けている。国民学校の改革では子どもたちが学校とその周辺施設で過ごす時間が大幅に増えたが、その意図のひとつには国際競争に参入できる能力を伸ばすことがある。デンマークも世界的な潮流であるグローバリズムと無関係ではいられないということであろう。なるべく多くの若者が、なるべく早く、なるべく上級の学校に入っていくことを政府は希望している。サバトーの伝統もどうやら政府は好まないようである。難民政策はデンマークでも大変対応のむずかしい問題だ。産業の世界でも、伝統的な工芸製品が、労働力がより安いアジアの国にアウトソースされるようにもなった。これらはデンマークの古き良き伝統、価値を捨て去るということなのだろうか。

どうもそうとは言い切れないようだ。一〇年生学校という義務教育卒業後のオルタナティヴスクールは政府の目にはあまり必要性のないものと映っているようにも見えたが、職業教育改革のなかでEUD10等が示すように、一〇年生学校に新たな可能性が生まれた。つまり従来の制度を新たな文脈のなかで活用し直すという方法がとられているようである。また国民が共通して受ける支援だけではうまく自分の人生をつくっていけない人たちへの目配りもますます細やかになっている。そのなかでペダゴーというもっぱら保育に関わっていた職種が、国民学校、特別支援学校の改革により学校の周辺、学校内のより多く場面で必要とされるようになったことは、ペダゴーが細やかなケアを担う人材であることを示すとともに、すでにある制度・人材の活用拡大の一例でもある。

一方では高い学力を有する層を増やし知性の最高到達点を上げる努力をし、また一方では経済と教育の水準の低い層を底上げすることにも政府は関心をもって取り組んでいるといえるだろう。ただ細やかな制度をつくればつくるほど、その制度と制度の間で支援の手からこぼれるグループが発見され、そのグループへの新たな制度がつくられる、というプロセスを今デンマークは歩んでいるように見える。そしてそれは終わりなき改革ということにつながるのではないかとも思える。

思うにデンマークの考え方は極めて実際的で合理的なのであろう。彼らは目の前にある現実を見逃さず、なるべく正確に捉えてその評価に基づき現状で可能な対応策を案出しようとする。家庭の状況、経済、個人の資質・能力、多様な価値、といった時代と共に変わり得る状況を見据えてその都度の状況にあった最大限の努力を行うことを大切にする。そのことが私を魅了し続ける。エネルギー資源の限界、文化・倫理上の価値の多様化は、デンマークだけでなく全世界的に共通する課題で、それらは政治、経済、社会、教育、労働状況等あらゆることに関連する。それらの現実に対して目を背けたり、否認し古い価値の中に閉じこもったりするのではなく、今から未来に向けてできることを見続ける態度に、日本を初めとする諸外国は学ぶ必要があると思う。

デンマークの転換期はまだまだ続くようで、本書はそのプロセスの真っただ中の中間報告ではある。たまたま転換期の始まりから訪問調査を開始し、継続してきた、しかも外国人の私たちだからこそ見えたことがある。それが読者に伝わり、一筋縄では捉えきれないデンマークの魅力を感じていただけたら幸いである。

最後になったが、本書は多くの方のご協力、ご助言により完成させることができた。そのすべてを列挙することはできないので、特に次の方々のお名前を挙げお礼を申し上げたい。まず、江口千春さんは私たちの研究の端緒を開いてくださった方である。そして江口さんのデンマーク訪問の旅のコーディネート役であり、デンマークにおける豊富な経験をもとに私たちの調査にも貴重な示唆を下さった澤渡夏代ブラントさん。デンマークの学校、若者支援に関してその経験を話してくれた上、人的ネットワークから様々な人を紹介してくださった技術学校カウンセラーのベニー・ウィーラントさん。デンマークの特別支援教育と若者支援のスペシャリストで教育改革を実際的に計画立案する役も果たしてきたカーステン・ボトカーさんには情報提供、インフォーマント紹介等でお世話になったが、さらには社会的弱者がより幸せになるために戦う姿勢を貫いてきたことにも大変感銘を受けた。そして最後に、デンマーク語の文献の翻訳（特に国民学校法）、学校等施設の訪問の選定と連絡調整を引き受けてくださった竹内紀子さんのお力がなくてはこの本は完成しなかった。また竹内さんがご紹介くださった元国民学校校長のモーエンス先生の温かいお人柄と他者にオープンな態度に、外国人がデンマークのことを調べ探究することの意義を感じさせていただいた。

またいつの日か、本書の続編を出版することも視野に入れていきたいと思っている。

なお本書に関わる研究は科学研究費により行い、本書の出版に際しては福島大学の学術振興基金の援助を受けたことを申し添える。

最後にデンマークでひとかたならずお世話になった方々のお名前を原語で挙げておく。

Mange tak til：

（デンマークでの調査にご協力いただいた次のみなさまに心より感謝する）

Carsten Bøtker
Benny Wielandt
Ole Bay Jensen
Mogens Almgren-Jensen

＊本書は福島大学学術振興会の出版助成を受けて刊行された。福島大学研究振興課など関係者のみなさまに感謝申し上げる。

＊本書は以下のテーマによる科学研究費を受けて行われた研究成果の一部である。

研究代表者：谷　雅泰
デンマークの教育改革―国民学校と職業教育の架橋の試み―　2016－2018年　16K04530
人材活用型若者支援の構築に向けて―デンマークと日本の比較研究―　2012－2014年　24530986
若者のキャリアガイダンスシステムの構築に向けて―デンマーク・日本の比較研究―　2008－2010年　20530716

研究代表者：青木　真理
発達障害者の就労支援―デンマークの自閉症スペクトラム者へのIT教育の試みに学ぶ―　2015－2017年　15K04536

# 参考文献

〈著 書〉

石井裕子・糸山智栄・中山芳一（著）・庄井良信（解説）『しあわせな放課後の時間—デンマークとフィンランドの学童保育に学ぶ』高文研　二〇一三年
石川准・長瀬修『障害学への招待』明石書店　一九九九年
伊藤美好『パンケーキの国で—子どもたちと見たデンマーク』平凡社　二〇〇一年
江口千春『デンマークの教育に学ぶ—対話と教育で築く幸福度世界一の国』かもがわ出版二〇一〇年
江口千春（著）・ダム雅子（訳）『デンマークの教育に学ぶ—生きていることが楽しい』フリーダム　二〇一〇年
姉崎弘『特別支援教育とインクルーシブ教育』ナカニシヤ出版　二〇一一年
小池直人『デンマークを探る』風媒社　二〇〇五年
小島ブンゴード孝子『福祉の国は教育大国—デンマークに学ぶ生涯教育』丸善　二〇〇四年
児玉珠美『デンマークの教育を支える「声の文化」—オラリティに根差した教育理念』新評論　二〇一六年
澤渡夏代ブラント『デンマークの子育て・人育ち—「人が資源」の福祉社会』大月書店　二〇〇五年
鈴木優美『デンマークの光と影—福祉社会とネオリベラリズム』壱生舎　二〇一〇年
第7回デンマークの教育と生活を見る旅の会編『二〇〇五年 デンマークの教育と生活を知る旅』二〇〇五年
高田ケラー有子『平らな国デンマーク—「幸福度」世界一の社会から』日本放送出版協会　二〇〇五年
羽根木プレーパークの会編『冒険あそび場がやってきた—羽根木プレーパークの記録』晶文社　一九八七年
ハル・コック（著）・小池直人（訳）『生活形式の民主主義—デンマーク社会の哲学』花伝社　二〇〇四年
村井淳志「子どもにとって意味ある総合的学習とは何か—生活世界に遍在する切実な学習テーマを探る」グループ・ディダクティカ編『学びのためのカリキュラム論』勁草書房　二〇〇〇年

〈論 文〉

青木真理・杉田政夫・谷雅泰「デンマークの AspIT（アスペルガー症候群の若者を対象にしたＩＴ教育のコース）について― AspIT 創始者へのインタビューを中心に」『福島大学地域創造』第二六巻第一号　二〇一四年

青木真理・髙橋純一・谷雅泰「デンマークのＡＳＤ者就業支援の一例について― Specialisterne 訪問調査から」『福島大学地域創造』第二八巻　二〇一六年

青木真理・谷雅泰・角間陽子「デンマーク教育関係者インタビュー」『福島大学地域創造』第一八巻第一号　二〇〇六年

青木真理・谷雅泰・加藤陽介・馬場雅人・濱名香織・正木恵理子・渡辺麻貴「デンマーク教育事情視察報告」『福島大学地域創造』第一七巻　二〇〇五年

青木真理・谷雅泰・杉田政夫「デンマークにおけるアスペルガー症候群の若者を対象にしたＩＴ教育のコースについて― AspIT と HKI への訪問調査」『福島大学地域創造』第二五巻　二〇一三年

青木真理・谷雅泰・三浦浩喜「デンマークの進路指導について―ガイダンスセンターにおける聞き取り調査」『福島大学地域創造』第一九巻　二〇〇七年

青木真理・谷雅泰・三浦浩喜「デンマークのガイダンスシステムについて―教育省でのインタビュー調査を中心に」『福島大学総合教育研究センター紀要』第七号　二〇〇九年

青木真理・谷雅泰・三浦浩喜「デンマークの若者はどのように進路選択するか―ガイダンスセンターでの調査をもとに」『福島大学総合教育研究センター紀要』第八巻　二〇一〇年

岩田克彦「デンマークの職業教育訓練―現状と課題」『技術教育学の探求』第一四巻　二〇一六年

大平泰子「デンマークにおける小学校のメンタルケア―ウアンホイ小学校視察報告」『富山国際大学子ども育成学部紀要』第三巻　二〇一二年

片岡豊「デンマークにおける特別支援教育制度」『リハビリテーション』第五一六巻　二〇〇九年

桑原敏明「デンマークの教育制度―国民を幸福にする教育と教育制度の探究（試論）」『教育制度研究紀要』第七巻　二〇一二年

是永かな子「通常学校におけるインクルーシブ教育のための教育方法―ノルウェーのＬＰモデルとデンマークのギフテッドプ

ログラムを中心に」『高知大学教育学部研究報告』第七二巻　二〇一二年
是永かな子「デンマークにおけるインクルーシブ教育の推進と特別学校の機能」『高知大学学術研究報告』第六二巻　二〇一三年
是永かな子・真城知己「デンマークにおける地方分権とインクルーシブ教育の展開」『高知大学学術研究報告』第六〇巻　二〇一一年
是永かな子・真城知己「デンマークにおける地方分権とインクルーシブ教育の実際」『高知大学教育学部研究報告』第七三巻　二〇一三年
嶋内健「デンマークにおける初期職業教育―制度の概要とガバナンス」『技術教育学の探求』第一二巻　二〇一五年
髙橋純一・谷雅泰・青木真理「日本とデンマークにおける特別支援学校の比較」『福島大学人間発達文化学類論集』第二四巻　二〇一六年
谷雅泰「中道左派政権によるデンマークの教育改革―よりよい国民学校をめざす方策の提案」『福島大学人間発達文化学類論集』第一九巻　二〇一四年
谷雅泰「デンマークの教育改革―二〇一四年国民学校法改正と二〇一五年の職業改革」『福島大学人間発達文化学類論集』第二二巻　二〇一六年
真城知己「デンマークにおける『拡大特別ニーズ教育』―二〇〇七年地方分権制度再編前までの特徴」『障害科学研究』第三一巻　二〇〇七年
三浦浩喜・谷雅泰・青木真理「デンマークの若者支援―若者へのインタビュー」『福島大学地域創造』第二〇巻　二〇〇九年

**柴田　卓**（第四章第一・二節）
郡山女子大学短期大学部幼児教育学科講師　幼児教育学。
共著に『楽しく学ぶ運動遊びのすすめ―ポートフォリオを活用した保育実践力の探求』（みらい、2017年）、論文に「スウェーデン・デンマークの保育環境に関する一考察」（『郡山女子大学紀要』第52集、2016年）、「森のようちえんへの参加が学生に及ぼす教育的効果―子ども観・自然観の変化を中心に」（共著、『福島大学総合教育研究センター紀要』第20号、2016年）など。

**柴田　千賀子**（第四章第三節）
仙台大学子ども運動教育学科准教授　幼児教育学。
共著に『子どもと共に育ちあうエピソード保育者論』（みらい、2016年）、『子どもと保育者でつくる人間関係』（保育出版社、2017年）、論文に「保育における対話の諸相―デンマークとフィンランドの保育に焦点をあてて」（『桜の聖母短期大学紀要』第38号、2014年）など。

**三浦　浩喜**（補章）
福島大学理事・副学長　美術科教育学。
共著に『震災からの教育復興―過去、現在から未来へ』（悠光堂、2012年）、「OECD東北スクールの取り組みとその教育効果」（『福島大学地域創造』第26巻第２号、2015年）、「OECD 東北スクールと被災地の生徒たち」（『教育と医学』2013年）。

## 執筆者紹介

**谷　雅泰**（序章、第一章、第二章第一・二節）……編者
福島大学人間発達文化学類教授　教育学・日本教育史。
共著に『近代日本黎明期における「就学告諭」の研究』（東信堂、2008年）、『３・11と教育改革』（かもがわ出版、2013年）、『新しい教師論』（武蔵野美術大学出版局、2014年）など。

**青木　真理**（第五章、第六章、おわりに）……編者
福島大学総合教育研究センター教授　臨床心理学。
共著に『風土臨床　沖縄との関わりから見えてきたもの—心理臨床の新しい地平をめざして』（コスモス・ライブラリー、2006年）、『現場で役立つスクールカウンセリングの実際』（創元社、2012年）など。

**杉田　政夫**（第二章第三節〜第五節）
福島大学人間発達文化学類教授　音楽教育学。
著書に『学校音楽教育とヘルバルト主義』（風間書房、2005年）、論文に「ポール・ウッドフォード著『民主主義と音楽教育』が投げかけた波紋」（『福島大学人間発達文化学類論集』第19号、2014年）、「ノルウェーのコミュニティ音楽療法に関する一考察」（共著、『福島大学総合教育研究センター紀要』第19号、2015年）など。

**髙橋　純一**（第三章）
福島大学人間発達文化学類准教授　障害学。
論文に「Takahashi et al.（2014）. Differences in the Efficiency of Pattern Encoding in Relation to Autistic − Like Traits：An Event − Related Potential Study.（Journal of Autism and Developmental Disorders)」、「子どもの行動に対する肯定的捉え直しが発達障害幼児の保護者の養育スタイルに及ぼす影響」（『障害理解研究』、2016年）。

装幀——山田道弘


転換期と向き合うデンマークの教育

2017年9月5日　初版発行

編著者　谷　雅泰
　　　　青木真理
発行者　名古屋 研一

発行所　㈱ひとなる書房
東京都文京区本郷2-17-13
TEL 03（3811）1372
FAX 03（3811）1383
Email：hitonaru@alles.or.jp